智能时代的教师专业发展

杨宗凯　主编

区域研修管理的 PASA 模式

曾祥翊　李　阳　曾　媛　编著

科学出版社

北　京

内 容 简 介

　　本书是教育部—中国移动科研基金 2017 年度项目"信息技术支持下的区域教研模式研究及试点"的实践成果。本书提出了区域研修组织管理的 PASA 模式，为区域研修组织管理者建立了一种区域研修组织管理体系，提供了一套区域研修组织管理范式；并介绍了 18 个 PASA 模式的应用案例，涵盖我国中、东、西及东北部，可为各地开展区域研修组织管理实践提供借鉴和参考。

　　本书可供区域教研室主任、教研员、中小学校长及教师阅读，希望读者通过阅读本书，能进一步学习区域研修组织管理的方法，加强区域研修组织管理的能力，推动我国区域研修组织机制改革，提升教育质量。

图书在版编目（CIP）数据

区域研修管理的 PASA 模式/曾祥翊，李阳，曾媛编著. —北京：科学出版社，2022.11

（智能时代的教师专业发展/杨宗凯主编）

ISBN 978-7-03-071222-6

Ⅰ. ①区… Ⅱ. ①曾… ②李… ③曾… Ⅲ. ①师资培训-研究 Ⅳ. ①G451.2

中国版本图书馆 CIP 数据核字（2021）第 273759 号

责任编辑：乔宇尚　张翠霞 / 责任校对：王晓茜
责任印制：张　伟 / 封面设计：蓝正设计

科 学 出 版 社 出版

北京东黄城根北街 16 号
邮政编码：100717
http://www.sciencep.com

北京九州迅驰传媒文化有限公司 印刷
科学出版社发行　各地新华书店经销

*

2022 年 11 月第 一 版　开本：720×1000　1/16
2023 年 2 月第二次印刷　印张：12 3/4
字数：249 000

定价：69.00 元

（如有印装质量问题，我社负责调换）

丛书编委会

主　编：杨宗凯

副主编：刘清堂　曾祥翊

编　委：陈红先　邓　伟　郝怡雪　李文昊　李秀晗

　　　　李　阳　卢国庆　罗　磊　马鑫倩　王娇娇

　　　　魏艳涛　吴林静　曾　媛　翟慧清　张　妮

　　　　张　倩　张　思　郑欣欣

教育部—中国移动科研基金 2017 年度项目
"信息技术支持下的区域教研模式研究及试点"
（项目编号：MCM20170502）

丛 书 序

　　教师是立教之本、兴教之源。习近平总书记在全国教育大会上发表重要讲话，对建设一支宏大的高素质专业化教师队伍寄予了殷切希望。联合国教科文组织等四大重要组织联合发声，"复兴始于教师"①，教师的素质决定教育的质量。《中国教育现代化 2035》明确要建立高素质专业化创新型的教师队伍。智能时代对教师专业发展提出了新需求、新导向和新挑战。教师是教育数字转型和高质量发展的主力军，是新的教学理念的践行者。初秋时节，"智能时代的教师专业发展"系列论著终于顺利结稿，再次印证了"秋天是收获的季节"。作为系列论著的主编，我一直在思考：智能时代需要什么样的教师？如何构建适合中国国情的一流教师教育？

　　人工智能赋能教师发展，实现人机、人技协同，促进学生的个性化发展、创造思维能力的培养等是智能时代的重大课题。华中师范大学作为教师教育国家队之一，近年来一直推进卓越教师的培养，希望培养出具有"四能五教六者"（四能：数字化生存能力、教育教学研究能力、教师专业发展终身学习能力和教育教学创新实践能力；五教：乐教、适教、懂教、会教、善教；六者：学生学习活动组织者、学习过程导学者、教学资源开发者、教学方法创新者、教育教学研究者、教师专业发展终身学习者）特征的未来教育家。然而，我国幅员辽阔，区域教师资源不均衡，信息技术和教师研修的契合点仍有待探索，智能时代教师研修的实效性仍有待提升。特别是部分欠发达地区、薄弱学校及教师需要更多的对接帮扶，期待名师、名校引领，人工智能赋能教师信息化教学能力，进而实现教育公平和均衡发展。

　　"不忘初心，方得始终。"华中师范大学教师教育研究团队十年如一日，专

---

① 中国新闻网. 教科文组织总干事：教育始于教师 复兴始于教师[EB/OL]. （2010-10-06）[2021-08-07].
https://chinanews.com.cn/edu/2010/10-06/2570230.shtml.

注于教师专业发展的理论和实践研究，默默耕耘，硕果累累。尤其是 2017 年以来，研究团队和中央电化教育馆、华南师范大学联合承担教育部—中国移动科研基金项目"信息技术支持下的区域教研模式研究及试点"（MCM20170502），研究关注点也从传统的校本研修、网络研修逐步过渡到"互联网+"、大数据及人工智能等支持下的区域研修，瞄准我国区域研修的痛点和难点，探索信息技术支持下的区域研修模式，着力攻克教师研修绩效评价的"瓶颈"，提炼并推广各区域的宝贵研修经验，集结为"智能时代的教师专业发展"系列论著。系列论著共 6 部，有基于理论层面的教师研修理论、方法和应用，主要汇聚了华中师范大学研究团队十几年来在教师研修领域的研究成果，着重突出信息技术支持下的教师研修及面向过程的信息化研修绩效分析；亦有基于实践层面的信息技术支持下的区域研修模式及实践，全面展现了课例研修、主题研修、微课题研修及同侪研修等四个方面的理论探索以及各区域的优秀研修实践成果；还有基于管理层面的面向区域研修管理的 PASA（purposes-activities-support systems-appraisals，发展目标－研修活动－保障机制－质量评估）模式，介绍了各区域研修管理的宝贵经验和典型应用案例。这套论著给读者呈现了智能时代教师专业发展的理论、方法及信息技术支持下的区域研修特色案例，是国内目前不可多得的研究成果。每本书的作者均来自华中师范大学和中央电化教育馆长期从事教师研修的学者、教师和研究生团队，典型案例则由各地一线研修管理者及中小学骨干教师协助完成。他们以独立的思考、宝贵的经验和热切的情怀，兢兢业业，笔耕不辍，协同打磨，最终形成了这套宝贵的研究成果。这套论著的推出不仅增进学界和业界对教师研修的深层次了解，同时还能为一线中小学教师的研修实践，以及教育技术学领域的学术研究，提供有价值的参考借鉴。

"路漫漫其修远兮，吾将上下而求索。"作为教师专业发展领域的研究者和实践者，我们深知，要找到新一代信息技术和教师专业发展的契合点，最大程度发挥技术对教师专业发展理论和实践研究的促进作用，充分发挥研究者和实践者对一线中小学教师专业能力和信息素养提升的引领作用，任重而道远。因此，我们衷心期盼所有关心并热衷于智能时代教师专业发展的读者朋友都来关注论著的建设，期盼你们提出宝贵的意见和建议。我们由衷地希望这套论著是一个新的起点，让我们携手前行，想教师之所想，及教师之所及，让智能时代的教师专业发展成为我们奋斗的目标和共同的追求。

以此为序，祝贺研究团队取得初步成果，创新还在路上！

杨宗凯

2021 年 10 月于西安

前　言

区域研修是在区域教育行政部门统筹下，由教研、师训、电教等部门组织的跨学校、跨片区或跨区域的教师教研或培训活动。21世纪初期，受时间和空间制约，传统面对面的区域研修活动耗时耗力，研修过程的数据难以采集，研修活动资源难以汇聚，研修成果无法惠及全体教师。随着互联网、大数据、人工智能、云计算等信息技术的不断革新，区域研修的手段、工具日新月异，极大地促进了区域研修的规模化、智能化、精准化和个性化发展，也极大地提高了区域研修组织管理的效率和质量。在国家各级部门的推动下，区域研修逐渐成为提升我国教师教学水平、提高教育质量、实现区域均衡发展的重要制度和方法。

中央电化教育馆、华中师范大学和华南师范大学共同承担了教育部—中国移动科研基金2017年度项目"信息技术支持下的区域教研模式研究及试点"。依托该项目，笔者梳理了区域研修及其组织管理的发展现状，提出了区域研修组织管理的PASA［发展目标（purpose）、研修活动（activity）、保障机制（support system）、质量评估（appraisal of outcome）］模式，并介绍了18个PASA模式的应用案例，以解决区域研修组织管理存在的目标管理缺失、组织机制不健全、管理制度不完善、研修活动工学矛盾突出等问题，提高区域研修组织管理的系统性和实效性。

本书共包含理论篇、典型案例篇和精简案例篇三个部分。其中，理论篇为第一章和第二章：第一章主要对区域研修的概念及特征、区域研修组织管理的发展现状、区域研修组织管理模式做梳理和介绍；第二章主要基于文献综述和基线调研，提出区域研修组织管理的PASA模式，重点介绍该模式的理论基础、核心要素、运行机制、特征及应用等。典型案例篇为第三至十一章，共包含9个典型案例，侧重于突出广东省广州市天河区等9个地区特色研修模式的组织管理，各案例包括案例背景、PASA模式应用概览、案例组织实施及案例特色与创新四个方面。精简案例篇为第十二至二十章，共包含9个精简案例，重点从区域整体层面简要介绍江西省赣州市章贡区等 9 个地区的区域研修组织管理工作，各案例包括案例背景、案例组织实施及案例实施效果三个方面。

本书的特色体现在理论和实践两个层面。理论层面，面向区域研修组织管理者建立了一种区域研修组织管理体系，提供了一套区域研修组织管理范式，即注重区域研修前期目标管理、中期研修活动的宏观把控、保障机制的建立及后期质量评估，在一定程度上诠释了区域研修组织管理的本质；实践层面，介绍了 18 个地区的 PASA 模式应用案例，涵盖我国中、东、西及东北部，经济发展水平各不相同，可为各地开展区域研修组织管理实践提供借鉴和参考。

感谢北京市、重庆市、甘肃省、广东省、广西壮族自治区、贵州省、河北省、河南省、黑龙江省、湖北省、湖南省、吉林省、江苏省、江西省、辽宁省、内蒙古自治区、宁夏回族自治区、青海省、山东省、山西省、陕西省、四川省、天津市、云南省、浙江省等 25 个省级电教部门，以及北京市密云区、重庆市大足区、重庆市渝中区、甘肃省兰州市安宁区、广东省广州市天河区、广东省清远市连山壮族瑶族自治县、广西壮族自治区桂林市秀峰区、贵州省铜仁市松桃苗族自治县、贵州省遵义市务川仡佬族苗族自治县、河北省唐山市滦南县、河南省洛阳市、黑龙江省哈尔滨市阿城区、湖北省潜江市、湖北省孝感市云梦县、湖南省株洲市荷塘区、湖南省长沙市天心区、吉林省吉林市桦甸市、江苏省南京市玄武区、江苏省淮安市涟水县、江西省赣州市章贡区、辽宁省阜新市海州区、辽宁省沈阳市和平区、内蒙古自治区兴安盟乌兰浩特市、宁夏回族自治区石嘴山市惠农区、青海省海东市互助土族自治县、山东省青岛市市南区、山东省济南市天桥区、山西省太原市古交市、陕西省安康市汉阴县、陕西省安康市岚皋县、四川省成都市成华区、四川省绵阳市游仙区、天津市河西区、云南省临沧市沧源佤族自治县、浙江省宁波市镇海区、浙江省杭州市江干区①等市（区、县）的教育部门对基线调研及应用实践工作给予的大力支持！感谢"信息技术支持下的区域教研模式研究及试点"项目组专家及研究人员为本书提供的宝贵意见！感谢中央电化教育馆诸位领导的指导及专题教育资源部诸位同事的帮助！

笔者学识有限，本书存在的不妥之处敬请各位专家与同行批评指正！

2022 年 1 月于北京

---

① 2021 年 3 月 11 日，《浙江省人民政府关于调整杭州市部分行政区划的通知》指出："撤销杭州市上城区、江干区，设立新的杭州市上城区。"

目　录

理　论　篇

第一章　区域研修及其组织管理的发展 ·· 1

　　第一节　区域研修的概念与特征 ·· 2

　　第二节　区域研修组织管理发展现状 ·· 7

　　第三节　区域研修组织管理模式相关研究 ··· 14

第二章　区域研修组织管理的 PASA 模式 ··· 19

　　第一节　理论基础 ··· 20

　　第二节　模式构建 ··· 25

　　第三节　模式解析 ··· 28

典型案例篇

第三章　三人行　小课题　优课解码——基于 T 模式的跨区域协同研修 ······· 40

　　第一节　案例背景 ··· 41

　　第二节　PASA 模式应用概览 ·· 42

　　第三节　案例组织实施 ··· 43

　　第四节　案例特色与创新 ··· 49

第四章　基于城乡结对的互动课堂区域研修 ·· 51

　　第一节　案例背景 ··· 52

　　第二节　PASA 模式应用概览 ·· 53

第三节　案例组织实施 ·· 54

第四节　案例特色与创新 ·· 58

第五章　基于研训一体的区域研修模式探索 ···················· 60

第一节　案例背景 ·· 61

第二节　PASA 模式应用概览 ·· 62

第三节　案例组织实施 ·· 62

第四节　案例特色与创新 ·· 69

第六章　基于常态化录播智课系统的区域网络研修 ············ 71

第一节　案例背景 ·· 72

第二节　PASA 模式应用概览 ·· 73

第三节　案例组织实施 ·· 74

第四节　案例特色与创新 ·· 77

第七章　基于移动教研的区域研修生态构建 ····················· 78

第一节　案例背景 ·· 79

第二节　PASA 模式应用概览 ·· 80

第三节　案例组织实施 ·· 81

第四节　案例特色与创新 ·· 84

第八章　基于智慧教育云平台的教师工作室（坊）研修 ······ 86

第一节　案例背景 ·· 87

第二节　PASA 模式应用概览 ·· 88

第三节　案例组织实施 ·· 89

第四节　案例特色与创新 ·· 93

第九章　基于密云区教育云平台的区域新教师工作坊主题研修 ··· 94

第一节　案例背景 ·· 95

第二节　PASA 模式应用概览 ·· 96

第三节　案例组织实施 ·· 96

第四节　案例特色与创新 ·· 103

第十章　网络名师工作室主题式区域研修 ························ 104

第一节　案例背景 ·· 105

第二节　PASA 模式应用概览 ·· 105

第三节　案例组织实施 ·· 106

第四节　案例特色与创新 ·· 113

第十一章　"3+1"育人模式改革背景下信息技术支持的区域研修 ··········· 114

第一节　案例背景 ·· 115

第二节　PASA 模式应用概览 ····································· 116

第三节　案例组织实施 ·· 116

第四节　案例特色与创新 ·· 122

精简案例篇

第十二章　基于专递课堂的"431"区域研修 ······················· 124

第一节　案例背景 ·· 125

第二节　案例组织实施 ·· 125

第三节　案例实施效果 ·· 131

第十三章　成果导向显绩效　课题引领促成长

　　　　——信息技术支持下的区域"教、研、修"一体化发展实践探索 ··· 133

第一节　案例背景 ·· 134

第二节　案例组织实施 ·· 135

第三节　案例实施效果 ·· 140

第十四章　信息技术支持下区域研修项目的多维构建和管理 ··········· 142

第一节　案例背景 ·· 143

第二节　案例组织实施 ·· 144

第三节　案例实施效果 ·· 149

第十五章　片区教研共同体支持的"互联网+"区域研修 ·············· 150

第一节　案例背景 ·· 151

第二节　案例组织实施 ·· 151

第三节　案例实施效果 ·· 155

第十六章　"1+1+1"信息技术平台支持下的区域研修模式探索 ········· 157

第一节　案例背景 ·· 158

第二节　案例组织实施 ·· 158

第三节　案例实施效果 ·· 161

第十七章　基于天心智教云平台的区域研修模式研究⋯⋯⋯⋯⋯⋯⋯⋯ 163

第一节　案例背景⋯⋯⋯⋯⋯⋯⋯⋯⋯⋯⋯⋯⋯⋯⋯⋯⋯ 164

第二节　案例组织实施⋯⋯⋯⋯⋯⋯⋯⋯⋯⋯⋯⋯⋯⋯⋯ 164

第三节　案例实施效果⋯⋯⋯⋯⋯⋯⋯⋯⋯⋯⋯⋯⋯⋯⋯ 169

第十八章　教育云平台支持下的区域研修模式探索 171

第一节　案例背景⋯⋯⋯⋯⋯⋯⋯⋯⋯⋯⋯⋯⋯⋯⋯⋯⋯ 172

第二节　案例组织实施⋯⋯⋯⋯⋯⋯⋯⋯⋯⋯⋯⋯⋯⋯⋯ 172

第三节　案例实施效果⋯⋯⋯⋯⋯⋯⋯⋯⋯⋯⋯⋯⋯⋯⋯ 176

第十九章　信息技术支持下的区域研修方式创新研究⋯⋯⋯⋯⋯⋯ 178

第一节　案例背景⋯⋯⋯⋯⋯⋯⋯⋯⋯⋯⋯⋯⋯⋯⋯⋯⋯ 179

第二节　案例组织实施⋯⋯⋯⋯⋯⋯⋯⋯⋯⋯⋯⋯⋯⋯⋯ 179

第三节　案例实施效果⋯⋯⋯⋯⋯⋯⋯⋯⋯⋯⋯⋯⋯⋯⋯ 182

第二十章　信息技术支持下的项目实践研修⋯⋯⋯⋯⋯⋯⋯⋯⋯⋯ 183

第一节　案例背景⋯⋯⋯⋯⋯⋯⋯⋯⋯⋯⋯⋯⋯⋯⋯⋯⋯ 184

第二节　案例组织实施⋯⋯⋯⋯⋯⋯⋯⋯⋯⋯⋯⋯⋯⋯⋯ 185

第三节　案例实施效果⋯⋯⋯⋯⋯⋯⋯⋯⋯⋯⋯⋯⋯⋯⋯ 188

理论篇

第一章

区域研修及其组织管理的发展

百年大计，教育为本，教育大计，教师为本。教师是提高教育质量的关键因素，区域研修是促进教师专业发展的重要方式。在国家各级教育部门的推动下，区域研修发展迅速，逐渐成为促进区域教育均衡发展、提升教师教学质量的重要制度和途径。区域研修是自上而下的政府行为，区域研修的组织管理直接影响区域研修的效果。本章从区域研修的概念与特征着手，在梳理区域研修的定义、特点、内容、形式及活动的基础上，对我国区域研修组织管理发展现状开展了基线调研，并对现有区域研修组织管理模式进行了文献综述，以期更深入、全面地认识区域研修及其组织管理的发展。

第一节　区域研修的概念与特征

在逻辑学上，任何一个概念都有内涵和外延两个方面。概念的内涵是概念所反映对象的特性和本质属性，外延是指概念所反映对象的具体范围。[①]本节对区域研修的定义、特点、内容、形式、活动等方面做了重点梳理，旨在深入认识区域研修的内涵和外延，明确区域研修的概念，了解区域研修的特征。

一、区域研修的定义

区域研修起源于"片区研修""联片教研"。随着信息技术的发展，区域研修的内涵不断拓展。结合国内研究者的概念界定，我们认为，区域研修是指一个或多个区域教育部门组织的跨学校、跨学区或跨区域的教师教研或培训活动，它以教师之间、学校之间、片区之间、区域之间的协同为途径，以学校教学中存在的现实问题为研修主题，以信息技术为手段，旨在提升教师教学水平，提高教育质量，实现区域均衡发展。为进一步认识区域研修，需要辨别区域研修与区域教研、校本研修、网络研修等概念之间的关系。

（一）区域研修与区域教研

理解区域研修与区域教研，重在认识"教研""培训""研修"三者之间的发展演变。"研修"的前身是"培训"和"教研"。"教研"指"教学研究"，侧重于对教学问题的探究，在我国承担教研责任的主体是各级教研室；"培训"侧重于教师继续教育，对应的主体是各级教师进修学校。21 世纪初，在"教研训"一体化理念的影响下，由教育部师范教育司主导，教师进修学校与教研机构逐步整合，"教研"与"培训"相互融合，渐被"研修"一词替代[②]。目前，"区域研修"与"区域教研"的概念已不再细分，对于教师来说，二者既指教研也指培训。

[①] 楚明锟. 冯友兰的概念逻辑思想[J]. 人文杂志，1998，（5）：41-45.
[②] 贾海英. 共探"以研促修" 谋求"研修转型"——首届全国创新型教育研修机构发展联盟论坛综述[J]. 上海教育科研，2017，（9）：43-46.

（二）区域研修与校本研修、网络研修

校本研修从 21 世纪初成为促进我国教师专业发展的一项重要制度和方法，对提升教师教学水平，推动学校教育教学改革起到重要作用。校本研修是基于学校的一种教师教育模式，以解决学校实际问题为途径，以促进教师专业发展、学生全面发展及学校可持续发展为目标。校本研修的对象是学校课程以及课程的实施，包括教学内容、教学目的、教学手段、教学模式、教学设计、教学评价以及校本课程的开发与实施等。然而，我国教育资源分布不均衡，师资力量雄厚的优质学校通过校本教研为本校教师提升教学水平提供了非常好的环境，但是对于普通学校，校本教研面临教研组织形式僵化、教研程序规范不足、缺乏校外支持等一系列问题，校本教研不仅没有有效促进教师专业发展，还增加了教师负担[1]。而且，我国农村地区存在很多小规模的教学点，这些教学点一个学科只有一位教师，无法形成学科组，更谈不上开展校本教研[2]。

为解决校本研修存在的问题，联片研修、区域研修逐步发展起来。我国基础教育管理体制实行的是地方负责、分级管理[3]，这种体制有利于区域教育行政部门充分发挥自身优势，在区域内将各个学校组织起来，形成跨校的教师专业发展协作机制。这不仅有助于促进区域教育均衡，还能实现区域内教师的共同成长与资源共享。

网络研修起初为远程研修，后来也称虚拟教研、数字研修等。学者对网络研修的定义不一，但大家一致认可的是，网络研修是应用现代信息技术，以解决学校教育中真实的教学问题为着眼点，以促进教师专业发展、提高教学质量为目的的教育教学研究活动。网络研修作为一种新的教研方式，突破了时空限制，具有信息量大、交互性强、方便快捷等优点，是教研适应信息社会、实现资源共享、促进教师专业发展的有效途径[4]。

可以看出，区域研修与校本研修、网络研修息息相关。三者的共同点都是以解决真实的教学问题为出发点，最终目的都是促进教师专业发展。区域研修与校本研修的区别主要在于组织单位和参与范围不同，区域研修由区域教育部门，如电教、教研、师训等部门组织，多是自上而下，涉及多所学校，甚至多个区域；校本研修则以校为本，主要是由学校内部教师组织并参与。区域研修离不开校本研修，校本研修解决的是区域研修前期需求和后期实践的问题，区域研修是校本研修的扩展。传统区域研修由于学校地理位置分散，受时间和空间制约，在面对

---

① 魏同玉. 区域协同教研：乡村"微型学校"校本教研的新发展[J]. 教育理论与实践，2017，37（5）：32-34.
② 韩江萍. 校本教研制度：现状与趋势[J]. 教育研究，2007，（7）：89-93.
③ 郭炯，夏丽佳，张桐瑜，等. 基于实践场的区域教师专业发展路径研究[J]. 中国电化教育，2016，（4）：106-112.
④ 李晓华. 提高区域网络教研实效的实践探索[J]. 教学与管理，2018，（25）：38-39.

面的区域研修活动中，教师参与度不高[1]，研修活动资源难以汇聚，教研数据采集困难，区域研修耗时耗力，质量难以保障。网络研修侧重于强调研修环境，其与区域研修的融合能够极大地促进区域研修的发展，有助于区域研修打破时空壁垒，推动区域资源共建共享。

二、区域研修的特点

随着教育教研的不断发展，我国逐步形成了具有中国特色的区域研修制度。经过十余年的发展，各地形成了不同特色的区域研修模式，例如：四川省叙永县结合本地实际情况，通过构建区域研修联盟，将南北学校、强弱学校有机结合，形成研修共同体，创建了区域研修新模式[2]；北京市通州区教研中心以促进区域整体教育科研发展为目标，以课堂教学为对象，开展课题研究并进行课程开发，形成了"课题·课程·课堂"区域研修模式[3]；重庆市沙坪坝区探索在教学转型和教研转型的良性互动中实现区域教育的整体变革[4]；还有基于"天河部落""海盐教师博客群""苏州教育博客"等网络研修社区的区域研修[5]。总的来说，我国区域研修呈现了组织性、整体性、集群性、协作性、共享性的特点。

组织性指区域研修不是教师自发生成的，它在行政区域（区、县）内由电教、教研、师训等部门协同，有组织地进行。这种有组织的开展保证了区域研修的范围、内容、形式等的统筹安排，自上而下推动"强校帮弱校""城市学校带动农村学校"顺利实施。

整体性指区域研修面向整个区域的协同发展，在区域研修过程中，通过组织单位把握整个区域各学校之间的关系与平衡，并在规划、管理、实施、评价等各个方面整体决策。

集群性是集群化的体现，它表现在区域内优质资源的集群、不同学科的集群、不同学段的集群和不同身份的人的集群。优质资源的集群包括人员资源、政策资源、技术资源等，不同学科、不同学段、不同身份的人（教研员、专家、教师等）的集群则可在优质资源的基础上，开展针对教学内容、教法、学生多方面问题的教育研究或探讨，实现资源优化配置。

协作性指区域研修是在不同学校间开展的，涉及管理者、教研员、专家、教

① 刘怡，修亚弟，章少娜，等. 课例教学：探索优课的教研智慧[J]. 数字教育，2019，5（2）：52-57.
② 万斌. 创新教师研修模式 促进教育均衡发展——以四川省叙永县中小学教师区域研修为例[J]. 教育科学论坛，2016，（16）：29-31.
③ 苏金良. 构建"课题·课程·课堂"研修模式 推进区域教育科研深入发展[J]. 北京教育（普教），2014，（3）：22-23.
④ 龚雄飞. 从"教研"到"研修"：区域教研转型的深度推进[J]. 中小学管理，2016，（4）：11-14.
⑤ 李小静. 信息技术支持下的区域研修现状及发展策略研究[D]. 华中师范大学硕士学位论文，2019：4-5.

师等多个角色，通过区域研修，不同学校的教师之间、不同的人员角色之间打破了原有的壁垒，在区域研修活动中协作成长。

共享性指在区域研修过程中，所有参与的学校共享优质资源，通过区域多部门的协同组织、整体性把握，在集群化的优势下，通过管理者、教研员、专家、教师共同参与，共创和共享区域研修的优质成果。

三、区域研修的内容

区域研修的内容涵盖了教师专业发展中的各个方面。随着国家基础教育课程改革的推进，社会对教师提出了新的要求，不仅需要教师不断提高自己的知识能力，更要求教师转变原有的教学理念和方法，更加关注学生的发展。概言之，区域研修的内容主要有以下几大块：①以教材（课例）为载体，对教材（课例）进行探讨，如备课、磨课、案例学习等；②以教学过程中的问题为载体，探讨教学突发事件的处理、教学过程及结果评价，以及教学中信息技术与教学融合、跨学科融合等；③以学生的学习或心理问题为载体，对不同阶段学生的常见学习或心理问题进行探讨，提出普适性解决方案；④以科研课题为载体，对教育教学中的问题进行深度的剖析和科学性的探索。

与校本研修的内容相同，区域研修的内容也包含了教师在教育教学过程中遇到的实际问题；与校本研修的内容不同的是，区域研修的内容站位更高，解决的问题更普适，不仅关注学校的个性化发展，更关注整个区域内各学校、各阶段教师的协同均衡发展。随着各地对区域研修实践探索的不断深入，在区域组织部门的协同下，各地区域研修更加注重内容设计，常态化的内容逐渐课程化，部分地区已经能够按照研修课程分层、分阶段实施。

四、区域研修的形式

传统的区域研修形式主要通过面对面进行，从参与人员来说，具体有"1 对 1""1 对多""多对 1""多对多"等。然而，面对面的区域研修受时间和空间的限制，常常存在组织效率低下等问题，教师的工学矛盾日益突出。随着技术的不断发展成熟，信息技术与教育的关系日益紧密，教师的信息化水平也有了显著提高，这使得通过网络开展区域研修成为可能。如今，线上线下相结合的区域研修形式在各地受到广泛欢迎。区域研修的形式更加多样，具体表现形式如下。

（一）1 对 1 研修

顾名思义，"1 对 1 研修"就是两人进行线上或线下的研修，两人通常来自不同的学校，或在研修过程中承担不同的角色（如指导者与被指导者），根据同一个研修内容开展，两人之间的信息传递可能是单向的，也可能是双向的。常见的应用场景有线上或线下磨课、线上或线下专家点评指导、线上或线下问题探讨、同步异地或异步异地线上学习研修课程等。

（二）1 对多研修

"1 对多研修"的参与人数通常在 3 人或 3 人以上，研修过程中至少有两种研修角色，根据同一研修内容开展，多人之间的信息传递可能是单向的，也可能是双向或多向的。常见的应用场景有线下的教学观摩、线下的专家讲座、线上的专家讲座、线上的教学观摩、线上的教师说课等。

（三）多对 1 研修

"多对 1 研修"一般有两种研修角色，即指导者与被指导者，通常为多个指导者对 1 个被指导者。多人之间的信息传递可能是单向的，也可能是双向或多向的。常见的应用场景有线上或线下的跟踪指导或针对性指导。

（四）多对多研修

"多对多研修"是区域研修中最常见的一种形式，研修过程中有多个角色，各角色协同，共同完成研修目标，多人之间的信息传递可能是单向的，也可能是双向或多向的。常见的应用场景有线上或线下的辩课、线上或线下的教师共同体研修，这种研修方式通常会持续一段时间，基于某个主题、活动（比赛）或者某个机构（如教师工作坊）等。

五、区域研修活动

区域研修活动是区域研修实践的具体体现。在区域研修目标的指引下，各研修角色根据区域研修的内容，选取适当的研修形式，基于各项保障机制（人员保障、资源保障、技术保障、经费保障、制度保障等），按计划开展各项研修活动。区域研修活动的环节一般包括计划、实施、过程监测、评价、反思等，通过个体反思、同伴互助、专业引领，实现预期的活动目标。区域研修活动形式一般包括教学观摩、专家讲座、区域教学活动（比赛）、教师研学、教师工作坊、课题研究、送教下乡等。我们将各种类型的区域研修活动从研修角色、研修内容、研修形式等方面做了梳理，如表 1.1 所示。

表 1.1　不同形式的区域研修活动

活动类型	研修角色	研修内容	研修形式
教学观摩	管理者、教研员、专家、教师	以教材（课例）为载体	1对1、1对多、多对1、多对多（线上、线下）
专家讲座	管理者、专家、教师	以教材（课例）为载体、以教学过程中的问题为载体、以学生的学习或心理问题为载体、以科研课题为载体	
区域教学活动（比赛）	管理者、教研员、专家、教师	以教材（课例）为载体、以教学过程中的问题为载体	
教师研学	管理者、专家、教师	以教材（课例）为载体、以教学过程中的问题为载体、以学生的学习或心理问题为载体、以科研课题为载体	
教师工作坊	管理者、教研员、专家、教师	以教材（课例）为载体、以教学过程中的问题为载体、以学生的学习或心理问题为载体、以科研课题为载体	
课题研究	管理者、教研员、专家、教师	以科研课题为载体	
送教下乡	管理者、专家、教师	以教材（课例）为载体、以教学过程中的问题为载体、以学生的学习或心理问题为载体、以科研课题为载体	

第二节　区域研修组织管理发展现状

随着信息技术的发展，区域研修成为提升区域教育信息化程度、实现区域教育均衡发展、提高区域教育质量的重要制度。依托教育部—中国移动科研基金 2017 年度项目"信息技术支持下的区域教研模式研究及试点"，我们对我国区域研修组织管理现状做了调研，梳理了当前区域研修组织管理存在的问题。

一、调研方法

为了解我国各地区域研修的组织管理现状，我们面向全国 25 个省（自治区、直辖市）的 35 个市（区、县）开展了大规模网络问卷调查、实地访谈及研修案例征集工作。35 个市（区、县）覆盖东部地区、中部地区、西部地区及东北地区[①]，

---

① 国家统计局. 东西中部和东北地区划分方法[EB/OL]. （2011-06-13）. http://www.stats.gov.cn/ztjc/zthd/sjtjr/dejtjkfr/tjkp/201106/t20110613_71947.htm.

涉及不同的经济发展水平，能较为全面地反映我国区域研修的组织管理现状。

（一）问卷调研

我们以市（区、县）为单位，根据区域研修活动的角色分工，分别设计了管理版问卷、教研员版问卷和教师版问卷。其中，管理版问卷主要针对区域研修的负责人，侧重调查本地区域研修的组织管理机制；教研员版问卷重点了解本地区域研修组织管理的具体实施路径；教师版问卷则侧重从教师角度了解区域研修组织管理的效果。

问卷调查通过网络组织，最终共回收管理版问卷 1304 份，有效率 92.1%；教研员版问卷 1148 份，有效率 99.3%；教师版问卷 13 429 份，有效率 99.9%。管理版问卷、教研员版问卷和教师版问卷的信度（克龙巴赫 α 系数）分别为 0.909、0.789、0.830，问卷信度较高。问卷设计及修订过程中，组织华中师范大学、华南师范大学、西北师范大学、浙江师范大学，以及美国俄亥俄州立大学、新加坡南洋理工大学等专家对问卷进行了多次论证，并在陕西省安康市、辽宁省阜新市、湖北省孝感市和广东省广州市等地进行了测试，三种问卷的测试指标和题目设置科学合理，能够满足调研和研究的需求，具有良好的效度。

（二）实地访谈

为进一步深入了解各地区域研修的组织管理现状，我们组织专家赴陕西省安康市汉阴县和岚皋县、辽宁省阜新市海州区及彰武县、湖北省孝感市、广东省广州市天河区进行了实地调研，对各地区域研修的管理者、教研员和中小学教师进行了访谈。

（三）案例征集

为更加全面地了解各地区域研修现状，我们还向 35 个市（区、县）征集了本地区域研修案例、区域研修工作报告、区域研修规章制度等，各地区电教、教研、师训等部门大力支持，提交了大量丰富的文本材料，对问卷调查和实地调研进行了有效补充。

二、调研结果

结合问卷调查、实地访谈及案例征集，我们重点从区域研修发展目标、区域研修组织管理机制、区域研修活动开展及区域研修平台等方面对我国区域研修组织管理现状进行总结和梳理。

（一）区域研修发展目标明确，但没有分解，无法激发教师的内在动力

通过问卷调查，我们发现，35 个市（区、县）开展区域研修的主要原因在于本地教师水平需要提升（41.3%）、区域教育发展要求（34.7%）及国家政策要求（23.0%）。在各地的区域研修工作报告中，区域研修的目标普遍为"形成某种区域研修模式的常态化机制，完善区域研修的机制和方法""通过信息技术解决工学矛盾""促进区域均衡发展""提高教师专业素养"等，说明各地从区域层面有较为明确的发展目标。在区域研修中，区域层面的研修目标需要分解至每个区域研修活动中，通过实现每个研修活动的目标最终达成区域研修的整体目标。在 35 个市（区、县）提交的区域研修案例中，各个区域研修活动的目标仍然是"提高教师专业素养""促进区域均衡发展""完善区域研修的机制和方法"等，与区域层面的研修目标完全一样。区域研修活动目标不具体，不聚焦，缺乏针对性，这样很难保证区域层面的目标有效实现。同时，各地的研修案例反映出，现在区域研修存在的普遍问题是"教师对研修活动的目的和意义认识不清楚"，"教师不积极参加研修活动，缺乏内在动力，很难实现真正的自主研修"。这很大程度上是因为区域研修的目标制定只是自上而下的，没有与教师内在期望相结合。

（二）区域研修组织结构清晰，但组织机制还不健全

组织结构是为了实现组织的战略目标而科学系统地设计构建出的组织内部构成方式，包含部门、人员的有序排布和职能分配[①]。良好的组织结构是实现区域研修有序发展的重要保障。经过调研，我们发现目前各地开展区域研修活动涉及的部门、单位、机构主要有以下几种：①区域教育行政部门，主要是区域教育局，负责对区域研修做总体规划和统筹。调研中发现极少量地区的区域教育人事部门参与了区域研修组织管理，其主要职责是制定相关人事绩效政策。②区域教研部门，主要为区域教研室，归属区域教育行政部门管辖。有些为区域教育行政部门的一个科室，有些是独立机构，负责具体落实本地教研工作。③区域师训部门，指区域教师进修学校，通常是区域教育行政部门的二级单位，主要开展在职教师培训工作。④区域电教部门，如电教馆、信息中心、装备中心等。有些为区域教育行政部门的一个科室，有些是区域教育行政部门的二级独立单位，主要为区域研修活动提供技术应用辅助与指导工作。⑤中小学校。中小学校是区域研修活动的参与主体。区域研修活动需要多所学校的协同，各地中小学校的协同机制有所

---

① 张世龙. 互联网企业组织结构分析及定性定量评价——以 T 公司为例[D]. 北京外国语大学硕士学位论文，2019: 6.

不同，有分片区协同的，有以集团校形式协同的，也有以一对一或一对多帮扶校的方式协同的。⑥名师工作室/教师工作坊，指在区域教育行政部门主导下，以名师或学科带头人为引领，以活动为途径，以学习为核心，集教学、科研、培训于一体的学习型组织①。

2011 年发布的《教育部关于大力加强中小学教师培训工作的意见》要求："积极推进区县级教师培训机构改革建设，促进县级教师进修学校与相关机构的整合和联合。"2015 年发布的《教育部 财政部关于改革实施中小学幼儿园教师国家级培训计划的通知》指出："县级教师发展中心应实现教师培训、教研和电教等部门的整合。"按照国家要求，全国各地陆续进行了机构改革。据实地了解我们发现，有些地区将区域教研、培训和电教部门合并为一个单位，有些地区只将教研部门和师训部门进行合并，我们将合并后的单位统称为区域教师发展综合单位。

各地在开展具体区域研修活动时，会根据区域研修活动的特点，形成专门的组织结构，主要有单线型和多线型两种。单线型组织结构（图 1.1）指区域研修活动由区域教育行政部门管理，具体落实由区域教师发展综合单位、区域教研部门、区域电教部门或区域师训部门中的一个机构负责。对于较复杂的区域研修项目，一般会组建多线型的组织结构（图 1.2）。区域教育行政部门负责项目整体规划和统筹，区域教育人事部门制定相关激励机制，区域教研部门、区域电教部门和区域师训部门联合，分别组织不同学校开展区域研修活动。

然而，在调研中发现，区域教研部门负责具体落实工作，区域师训部门负责考核，教研与师训部门之间常常沟通不顺畅。而且，随着信息技术的不断发展，区域教育信息化程度越来越高，区域引入了各类教育技术设备，但区域研修内容和方式仍较为传统，区域研修活动年年开展，常常是低水平重复，限于区域内部组织的管理结构已经无法与人工智能、大数据等信息技术的发展相适应。

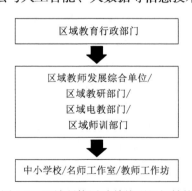

图 1.1　区域研修活动单线型组织结构

① 严运锦，朱宁波. 名师工作室中教师学习机制的个案研究[J]. 教师教育研究，2019，31（6）：78-85.

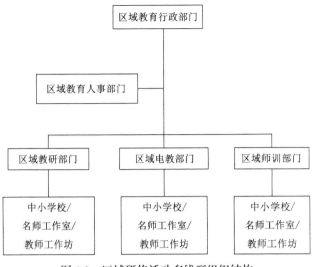

图 1.2 区域研修活动多线型组织结构

（三）各地重视区域研修，但管理制度缺乏整体设计

我国研修制度自 20 世纪 50 年代诞生以来[①]，在推进课程改革、指导教学实践、促进教师发展、服务教育决策等方面发挥了十分重要的作用。进入新时代，面对发展素质教育、全面提高基础教育质量的新任务新要求，研修制度的变革也成为应时之需。2019 年 2 月，中共中央、国务院印发《中国教育现代化 2035》，要求充分发挥基层特别是各级各类学校的积极性和创造性，鼓励大胆探索、积极改革创新，形成充满活力、富有效率、更加开放、有利于高质量发展的教育体制机制。2019 年 11 月发布的《教育部关于加强和改进新时代基础教育教研工作的意见》从教研工作体系、工作内容、教研队伍建设和教研保障机制等方面为教研制度的发展指明了新的方向。调研发现，为保障区域研修活动的顺利开展，94%的地区都制定了各种区域研修管理制度，包括区域研修发展规划、教师专业发展评价考核制度等。但在访谈中，管理者普遍表示当前组织管理制度仍不健全，制度制定脱离实际、流于形式，在具体落实上存在问题，区域研修整体的过程性质量监控和评估缺失，特别是区域研修制度的顶层设计缺乏经费保障，研修经费严重不足，限制了区域研修的开展[②]。

---

① 卢立涛，王泓瑶，沈茜. 新中国七十年教研制度的变迁逻辑——基于历史制度主义的视角[J]. 教师教育研究，2020，32（1）：109-114.

② 翟慧清. 线上线下相结合的课例研修模式构建及案例分析[D]. 华中师范大学硕士学位论文，2019：22.

（四）区域研修活动模式多样，但教师任务繁重，工学矛盾突出

通过问卷统计与分析，我们发现当前各地区域研修的模式多种多样（图 1.3），包含专题讲座与研讨、协同备课、案例评析、观摩名师课堂教学、同行教学展示、课题（项目）研究、网络学习空间自主研修与同步课堂（同侪研修）等多种形式。其中，教师参与度较高的是观摩名师课堂教学（18.0%）、专题讲座与研讨（17.3%）、同行教学展示（15.6%）和网络学习空间自主研修（12.8%）。各研修活动教师满意度如图 1.4 所示。满意度较高的四种活动为观摩名师课堂教学（86.8%）、同行教学展示（86.2%）、专题讲座与研讨（81.8%）和案例评析（81.5%）；而活动组织较多的网络学习空间自主研修满意度较低，原因在于，相比其他研修形式，网络学习空间自主研修缺乏引导者与同伴帮助，教师容易产生消极应付心理，研修效果不明显。

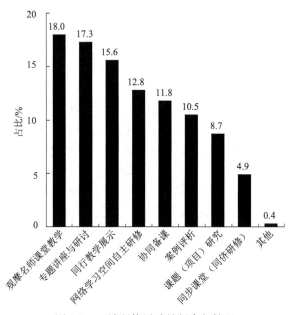

图 1.3　区域研修活动教师参与情况

在访谈中，教师频频反映当前区域研修任务非常繁重，研修时间安排欠合理，各种研修活动和教师常规教学工作产生了很大冲突，带来了严重的工学矛盾，导致研修效率低下。部分教师希望在不影响正常教学的前提下利用碎片化的时间进行研修。

（五）区域研修平台为研修活动提供了技术保障，但缺乏绩效分析

我们对各地开展区域研修活动使用的研修工具进行了调研（图 1.5），使用范围较广的研修平台有国家、省、市、县公共服务平台的网络学习空间（21.7%）、

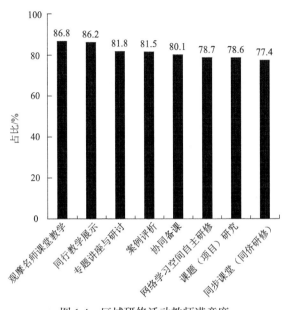

图 1.4 区域研修活动教师满意度

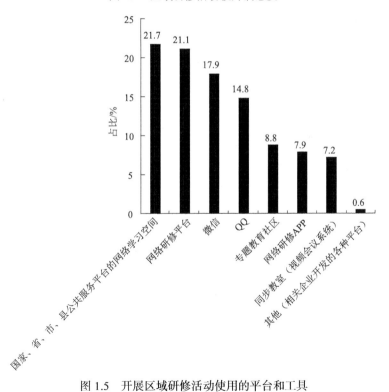

图 1.5 开展区域研修活动使用的平台和工具

网络研修平台（21.1%）、微信（17.9%）和 QQ（14.8%）。各级公共服务平台具体指地方自主开发的区域网络研修平台，这些平台为开展技术培训、资源应用、观课评课等区域研修活动提供了强有力的技术保障，极大地促进了区域教育资源共享，提升了区域研修组织管理的信息化水平。然而，我们也发现，一些研修平台上大量宝贵的研修数据未得到有效记录和应用，研修过程缺乏有效监测，研修绩效分析存在较大困难，管理者较难从区域研修平台上了解研修活动的实效，甚至部分平台资源实用性较差，缺少方便快捷的检索方法和下载链接。

第三节　区域研修组织管理模式相关研究

国内外研究者对教师研修进行了大量探索和实践，基于不同的理论和研究视角提出了各种教师研修模式。

（1）TPACK 理论指导下的区域教师知识管理模式。2005 年，基于 Lee Shulman 的"学科教学法知识"（pedagogical content knowledge，PCK）框架，美国密歇根州立大学学者 Matthew Koehler 和 Punya Mishra 提出了"整合技术的学科教学法知识"（TPACK）[1]。TPACK 是"technological，pedagogical and content knowledge"的缩写，它是"学科知识、教学法和技术"三种要素之间的复杂互动[2]。TPACK 理论框架包含了学科内容知识（CK）、教学法知识（PK）、技术知识（TK）三个核心要素，学科教学法知识（PCK）、整合技术的学科内容知识（TCK）、整合技术的教学法知识（TPK）、整合技术的学科教学法知识（TPACK）四个复合要素和涉及教师、学生的生理、心理、认知、语言、社会、文化等方面的情境要素。该理论在国内外教师教育领域受到了广泛关注，已经成为教师教育、教师知识研究的热点[3]。该理论框架也成为区域提升教师专业能力的重要理论依据。例如，杨鑫等从内部知识生成及外部条件支撑两个维度，提出了教研员的三组发展路径："泛在课程与碎片式学习，理论性知识元素的主动纳入与框架聚合；田野式教研引领与实践，行动反思中实践性知识的本土化生成；课题研究与共同体构建，知识

---

[1] Koehler M, Mishra P. Teachers learning technology by design[J]. Journal of Computing in Teacher Education, 2005, 21(3): 94-102.

[2] Koehler M, Mishra P. What happens when teachers design educational technology? The development of technological pedagogical content knowledge[J]. Journal of Educational Computing Research, 2005, 32(2): 131-152.

[3] 张屹，李晓艳，朱映晖. 智慧课堂中的教学创新——APT 视域下的教学案例及理论解读[M]. 武汉：华中师范大学出版社，2018：25-28.

在平等群体中的转化、共享及发展（图 1.6）。"①张静等从个体认知、社会建构以及身份认同三个维度剖析了教师 TPACK 发展机制与培养路径（图 1.7）②。

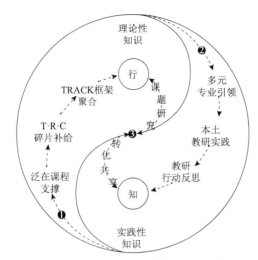

图 1.6　TRACK 视野下教研员知识发展路径

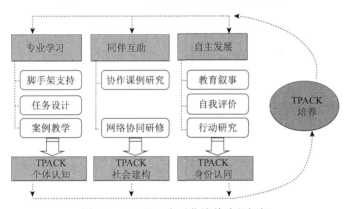

图 1.7　TPACK 多元化培养路径框架

（2）活动理论指导下的区域研修活动组织管理模式。活动理论强调人类活动是人与自然环境、社会环境以及社会群体与自然环境之间所从事的双向交互过程，是人类个体和群体事件的过程与结果。活动理论经过维果茨基、列昂捷夫等学者的不断革新，现在已经发展至第三代③。第三代活动理论包含三个核心成分（主体、客体和共同体）和三个次要成分（工具、规则和劳动分工），为区域研修组织管理提供了重要框架，在区域研修领域得到广泛应用。例如，武滨等基于活动理论

---

① 杨鑫, 解月光, 赵可云. "TRACK" 视野下教研员知识发展路径研究[J]. 电化教育研究, 2018, 39（10）：111-116.
② 张静, 刘赣洪. 多维视角下教师 TPACK 发展机制与培养路径[J]. 远程教育杂志, 2015, 33（3）：95-102.
③ 吕巾娇, 刘美凤, 史力范. 活动理论的发展脉络与应用探析[J]. 现代教育技术, 2007, （1）：8-14.

构建了 CTMA（community、technology、mechanism、activity）区域网络教研模式，提出网络教研活动应构建四方协同环境下多层级教研共同体、建设多平台有效融合的综合网络教研支撑平台、制定有效可持续的保障机制、组织开展三层次七阶段的主题教研活动[①]。

（3）行动研究理念下的区域课例研究组织模式。行动研究是社会科学领域的研究方法，强调理论研究与应用实践的结合[②]，由美国社会工作者 John Collier 首次提出[③]，由美国哥伦比亚大学师范学院前院长 Stephen Corey 第一次系统地引入教育领域[④]。在区域研修领域，行动研究在课例研修中的应用改善了研修活动设计。例如，顾泠沅等提出以课例为载体、在教学行动中促进教师专业发展的"行动教育"，具体包含"三个阶段，两次反思"：三个阶段指原行为阶段（关注个人已有经验的教学行为）、新设计阶段（关注新理念的课例设计）和新行为阶段（关注学生获得的行为调整）；贯穿其中的两次反思为反思已有行为与先进理念、先进经验的差距，反思理想的教学设计与学生实际获得的差距[⑤]。

（4）PST 视域下的区域研修组织模式。PST 框架是 2008 年由澳大利亚昆士兰大学的 David Radcliff 等在实施"下一代学习空间"（Next Generation Learning Spaces，NGLS）项目中提出的[⑥]。PST 是 pedagogy（教学法）、space（空间）、technology（技术）的缩写。PST 框架把教学、空间和技术作为有机的整体考虑，目的是创造和设计一种新型的学习空间，推动学习者的主动学习与协作学习。PST框架认为教学法是技术和学习空间有效结合的行动指南，学习空间进一步促进了教学法并让信息技术手段内嵌其中，而信息技术反过来提高了教学法的效果，扩充了学习空间的范围[⑦]。技术是区域研修不可缺少的要素，有学者基于 PST 框架提出了区域研修模型，为区域研修的组织管理提供了重要参考。例如，张妮等基于 PST 框架，利用演绎法构建支持教师区域研修的教学法–评价–空间–技术（pedagogy-assessment-space-technology，PAST）模型，将区域研修中的行政区域、组织部门和参与人员等要素直观体现出来，为组织开展区域研修活动提供了理论

---

① 武滨，左明章，阚伟，等. 基于活动理论的 CTMA 区域网络教研模式研究[J]. 中国电化教育，2017，（9）：104-110.

② 张文兰，郭小平. 关于我国行动研究学术成果的分析与反思[J]. 电化教育研究，2009，（2）：51-54.

③ Collier J. United States Indian administration as a laboratory of ethnic relations[J]. Social Research, 1945, 12 (5): 265-303.

④ Corey S. Action Research to Improve School Practice[Z]. New York: Teachers College, Columbia University, 1953: xii, 162.

⑤ 顾泠沅，王洁. 教师在教育行动中成长——以课例为载体的教师教育模式研究（下）[J]. 课程·教材·教法，2003（2）：14-19.

⑥ Radcliff D, Willson H, Powell D, et al. Learning Space in Higher Education: Positive Outcomes by Design[C]. Proceedings of the Next Generation Learning Spaces 2008 Colloquium. University of Queensland, Brisbane, 2009: 8-15.

⑦ 华子荀，马子淇，丁延茹. 基于目标导向"教学法—空间—技术"（PST）框架的学习空间再设计及其案例研究[J]. 中国电化教育，2017，（2）：76-81.

支撑[1]（详见本书第二章第一节图 2.2）。

（5）群体动力学理论下的区域研修组织机制模式。群体动力学由社会心理学家 Kurt Lewin 于 20 世纪 40 年代提出，主要研究群体发展的规律、群体的内聚力、群体与个体和其他群体的关系[2]。国内很多学者在群体动力学理论指导下提出了 UGBS（大学-政府-企业-学校）或 UDSP（大学-地方-中小学-实践群体）研修组织机制。例如，毋丝雨提出应充分发挥学校的主体作用，建立 UGBS 协作模式，保障区域基础教育教学资源共享[3]。赵可云等基于教研员本身角色定位，探索形成了基于 UDSP 的教研员区域信息化教学引领力发展模式[4]。

（6）教育管理视角的区域研修组织管理模式。区域研修的组织管理本质上属于教育管理范畴，有学者从区域教育管理视角提出区域研修的管理机制和运行模式。例如，沈忠明构建了"轮形"区域教育研究型管理模式，认为"区域教育研究型管理的系统结构是'轮形'的，处于中心的'轮毂'应该是各级各类学校；教育行政组织机构、教育教学业务机构、教育督导与评价部门、教育科研管理部门等单位共同组成了'轮辋'；学校与有关管理机构和业务指导等部门的关系构成了'轮辐'；由教育行政机构、业务指导部门、科研管理部门、督导与评价机构以及各级各类学校共同构建了研究型管理'轮形'模式的发展主体，共同推动区域教育健康持续发展"（图 1.8）[5]。

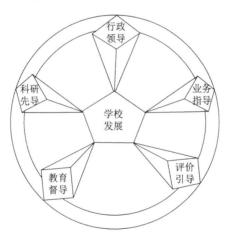

图 1.8 区域教育研究型管理的轮形发展模式

① 张妮,刘清堂,徐彪,等. 支持教师区域研修的 PAST 模型构建及应用研究[J]. 中国电化教育,2020,（4）: 93-101.
② 谢幼如, 宋乃庆, 刘鸣. 网络课堂协作知识建构的群体动力探究[J]. 电化教育研究, 2009,（2）: 55-58.
③ 毋丝雨. "互联网+"时代县区教育资源共享平台的构建[J]. 教学与管理, 2017,（6）: 43-46.
④ 赵可云,杨鑫. 教研员区域信息化教学引领力发展的 U-D-S-P 路径探索[J]. 中国电化教育,2019,395（12）: 109-115.
⑤ 沈忠明. 构建区域教育研究型管理机制及其运行模式的思考[J]. 教学与管理, 2014, 587（10）: 11-13.

　　除了大量的理论模式,各地也从实践中总结了很多区域研修组织管理的原则、思路、理念、方法及实施策略等。例如:曹志辉提出信息技术支持下区域研修模式构建原则为以学为出发点及制定严格的支持服务标准[①];杨清认为推动区域教育管理的现代性变革须在坚持本土性、整体性、渐进性和公共性原则的基础上,明确区域教育治理的三维目标,构建多元协调的主体体系,建立听证式的决策体系,完善问责式的执行体系,创新参与式的监督体系[②];蒋莉从区域教育管理体系的角度出发,提出"管办助评"的服务理念[③];等等。

　　通过已有研究梳理,我们发现目前关于区域研修组织管理的模式有侧重于教师专业发展的,有侧重于研修活动的,有侧重于信息技术的,有侧重于研修组织的,这些模式在一定程度上可为区域研修的目标管理、活动管理、技术管理、组织管理提供借鉴和参考。然而,已有模式和理念较为分散,各研究之间关联较弱,无法从系统上全面解决目前区域研修组织管理面临的组织机制不健全、制度不完善、技术平台缺乏整体设计等问题。因此,在现状调研及文献梳理的基础上,我们从实践出发,试图站在组织者和管理者的角度,结合区域研修组织管理的实际情况,综合考虑目标、活动、技术、组织、制度等各元素,提出具有可操作性的区域研修组织管理模式,为各地组织区域研修活动提供方法和依据。

---

① 曹志辉. 信息技术支持下的区域(校本)研修模式探索[J]. 信息与电脑(理论版), 2018,(16):216-217.
② 杨清. 区域教育治理体系现代化:内涵、原则与路径[J]. 教育学术月刊, 2015, 279(10):15-20.
③ 蒋莉. "管办助评":构建区域服务型教育管理新体系[J]. 中小学管理, 2014, 278(1):7-9.

第二章

区域研修组织管理的 PASA 模式

依据现状调研和文献梳理，我们提出了融合目标、活动、技术、组织、制度、评估等多元素的区域研修组织管理 PASA 模式。本章将重点介绍区域研修组织管理 PASA 模式的理论基础、核心要素、运行机制、特征及应用等，详细分析区域研修组织管理的核心要素，重点厘清区域研修组织管理的运行机制，明确各要素在区域研修组织管理中的含义及作用，旨在为区域研修组织管理者提供一套区域研修组织管理方法，提高区域研修组织管理的系统性和实效性。

第一节　理　论　基　础

一、组织理论

（一）组织理论的内涵

组织理论（organization theory）由美国著名管理学家泰勒（Frederick Winslow Taylor）于 20 世纪初开创，经历了古典组织理论、新古典组织理论以及现代组织理论三个阶段，各个阶段的理念和内涵不断发展，为近现代政府、企事业单位的组织管理提供了丰富指引。

古典组织理论发端于 20 世纪初，当时资本主义企业蓬勃发展，管理需求不断加大，急需理论为企业发展提供科学系统化的指导。古典组织理论着重分析组织结构和组织管理的一般原则，研究内容涉及组织目标、分工、协调、权利关系、责任、组织效率、管理幅度和层次等，代表人物有提出科学管理理论的 Frederick Winslow Taylor、提出行政管理理论的法约尔（Henri Fayol）及提出科层理论的韦伯（Max Weber），三者是古典组织理论的先驱[①]。

新古典组织理论吸收了心理学、社会学等学科的观点，主要着眼于组织内部分工与活动安排，更多地关注组织内部的个体，强调人对组织的重要性及组织结构中权利的分配。在马斯洛需要层次理论、梅奥的人际关系理论等理论成果的带动下，过往的金字塔式的集权结构开始在实践中向事业部制、矩阵式等分权层级结构变革，生产与管理效率得以发展与提高。

第二次世界大战后，世界经济飞跃式增长，全球化趋势加剧，组织理论呈现出百花齐放之态。系统组织理论、资源依赖理论、新制度主义理论、交易成本理论等先后占据主流地位，学者更多地重视组织与环境间的相互作用，确保组织能更好地适应外部经济、技术、生态环境。

（二）组织理论对区域研修组织管理的启示

组织理论明确了组织绩效产生于组织目标、组织架构、运行机制[②]三个要素，

[①] 杨琬. 组织理论视角下的高等体育教育管理发展历程研究[J]. 广州体育学院学报，2015，35（3）：109-113.
[②] 斯科特，戴维斯. 组织理论：理性、自然与开放系统的视角[M]. 高俊山，译. 北京：中国人民大学出版社，2011：375-389.

这为区域研修组织管理核心要素的确定提供了重要理论指导。

1. 发展目标是区域研修组织管理的基础

组织理论认为组织的发展目标是管理者和组织中一切成员的行动指南，是组织内部开展各项活动的依据和动力，影响着组织的管理方式。在区域研修中，区域教育行政人员、技术人员、教研员、专家、教师等各类成员为完成一定目标而形成了一个组织，区域研修各项工作的开展必须以制定区域研修发展目标为基础，同时重视将区域研修发展目标分解为不同层次的若干子目标，直至实现区域研修组织内部从上至下目标愿景的一致。

2. 研修活动是区域研修组织管理的关键

运行机制是组织内部生存发展的运行方式，是组织发挥功能的作用过程和作用原理，是组织的主体机制。要保证组织各项目标和任务真正实现，必须建立一套协调、灵活、高效的运行机制。在区域研修中，研修活动是区域研修组织运行的载体，区域研修高效运行的关键在于区域研修活动的组织实施。若要提高区域研修组织管理的质量和效率，必须明确区域研修活动的要素、结构和实施方式。

二、活动理论

（一）活动理论的内涵

活动理论（activity theory）起源于维果茨基创立的社会文化历史学派，形成于 20 世纪 20 年代中期至 30 年代初。维果茨基社会文化理论的分析单元集中在个体身上，为了克服个体单位带来的局限性，其学生列昂捷夫继承并发展形成了第二代活动理论，认为人的发展应该是个体与集体（共同体）互动的过程，开展基于目标导向的活动，最后达到预期结果[1]。1987 年，恩格斯托姆（Y. Engeström）在对列昂捷夫等人研究总结的基础上，突破了个体与共同体互动的局限，提出了第三代活动理论，强调活动系统之间的交互[2]，关注系统之间的互动[3]。

---

[1] Cole M. Cross-cultural research in the sociohistorical tradition[J]. Human Development, 1988, 31(3): 137-151.

[2] 张静静，安桂清. 学校场域中儿童整体人格的建构：第三代活动理论的视角[J]. 教育研究与实验，2015，（6）：17-21.

[3] Engeström Y. Expansive learning at work: Toward an activity theoretical reconceptualization[J]. Journal of Education and Work, 2001, 14(1): 133-156.

经过三代活动理论的发展，活动理论已经形成了典型的活动系统结构，认为一个完整的活动需要主体、客体、共同体、工具、规则与分工等六个要素（图 2.1）[①]。主体是指活动的参与者；客体相对于主体而言，活动系统内除主体以外的一切对象都可以称为客体。共同体由活动系统内所有相关联的参与者构成。工具是指学习者认知协作、互动交流的平台或媒介。其中，主体、客体和共同体三者之间任意两者可以形成一对关系。它们之间关系的形成通过"三角模式"的顶点起到中介作用。主体和客体以工具为中介建立联系，主体和共同体之间通过规则建立联系，共同体和客体之间因为劳动分工而建立一定的联系。

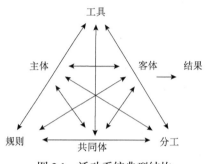

图 2.1　活动系统典型结构

（二）活动理论对区域研修组织管理的启示

研修活动是区域研修发展的关键和核心，区域研修的组织管理实质上是围绕区域研修活动进行组织与管理。活动理论提出的活动系统结构对区域研修活动的流程、要素、保障机制等方面均有重要启示作用。

1. 区域研修活动以目标设计为起点，以效果评价为终点

活动理论是以目标为导向的，在活动开始前要明确目标，活动结束后要对活动效果进行评价，判断活动目标是否完成。因此，区域研修活动的组织实施应以制定活动目标为起点，以评价研修活动效果为终点。同时，在制定研修活动目标时，应注意研修活动是实现区域研修发展目标的途径，研修活动的目标应与区域研修发展目标保持一致，并且是区域研修发展目标的细化和分解。

2. 明确区域研修活动的主体和客体

在活动理论模型中，活动主体、客体和共同体是活动的核心要素。活动发生

---

① Engeström Y, Sannino A. Studies of expansive learning: Foundations, findings and future challenges[J]. Educational Research Review, 2010, 5(1): 1-24.

的主体是学习者，处于活动的中心地位。客体是主体（学习者）为达到相关目标而进行的活动中涉及的资源、内容、任务或行为。共同体是指由学习者个体组成的社会团体或群体。对于区域研修而言，区域研修是学校与学校之间、教师与教师之间的协作互动，区域研修的主体是学校团体或者教师团体，区域研修的共同体与主体一致。活动客体中的资源、内容、行为等属于细节设计，而区域研修的组织管理者关注更多的是研修活动的模式、方法等宏观把控。

3. 注重为区域研修活动提供各类保障机制

活动理论认为工具、规则、分工为活动实施创造了良好的条件，这意味着区域研修的组织管理应充分考虑为区域研修活动提供诸如技术保障（工具）、制度保障（规则）、组织保障（分工）等各类保障机制。在技术保障层面，用于区域研修活动的工具包括：手机、计算机等终端设备，直播系统及录播系统等硬件装置，网络社区、各类教学 App 等软件应用。除此之外，支持软硬件工具的底层技术，如互联网、大数据、人工智能、虚拟现实、云计算等技术也为区域研修活动提供了强有力的技术保障。在制度保障层面，区域研修是区域教研、师训、电教等部门组织的研修活动，属于政府行为，制定区域研修制度与规则、为区域研修提供制度保障是区域研修组织管理者的重要工作。在组织保障层面，需要区域教育行政部门、区域教研部门、区域电教部门、区域师训部门、区域装备部门、学校等区域内，以及高校、企业等区域外单位共同合作，各单位成员分工协作，为区域研修主体实施研修活动提供组织保障。

三、PAST 模型

（一）PAST 模型的内涵

支持教师区域研修的 PAST 模型（图 2.2）[①]是由华中师范大学张妮等提出的。该模型从教学法、评价、空间和技术等四个维度对教师研修活动进行解读，以支持教师区域研修为目标，注重教学法的理论指导和教学方法的应用，通过设计或选取基于网络的研修空间，融合技术支持下的研修绩效评价方法，开展教师区域研修活动，提升教师信息化教学设计能力、教学管理能力、教学实施能力、教学评价能力、教学研究能力和教学反思能力。

---

① 张妮, 刘清堂, 徐彪, 等. 支持教师区域研修的 PAST 模型构建及应用研究[J]. 中国电化教育, 2020,（4）:
93-101.

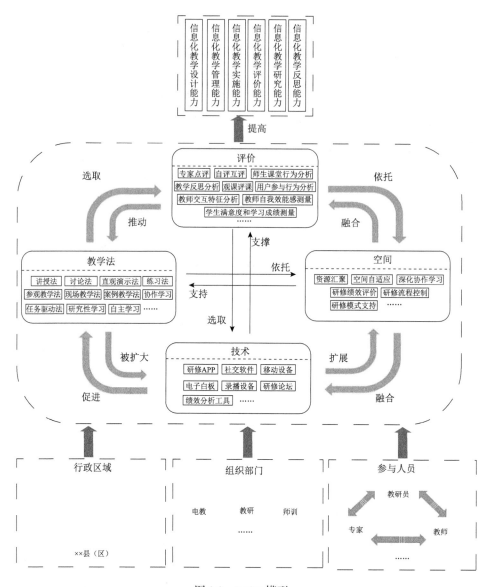

图 2.2　PAST 模型

（二）PAST 模型对区域研修组织管理的启示

PAST 模型面向教师，为区域研修活动提供了理论指导。PAST 模型对区域研修概念和特点的阐释、对研修绩效评价方法和工具的应用对完善区域研修组织管理框架具有重要借鉴作用。

1. 突出诠释区域研修组织管理的本质

PAST 模型指出，区域研修是一个行政区域（区、县）内，由电教、教研、师训等部门组织开展的跨学校或跨学区的教师专业发展模式。PAST 模型面向教师，从教学法、评价、空间和技术四个维度具体阐释了区域研修活动设计，它关注的是"如何研修"。相较之下，区域研修组织管理与 PAST 模型有共同的要素，但侧重点不同。区域研修组织管理的研究对象也是区域研修，也应注重创建区域电教、教研、师训等部门及学校等的协同工作机制，但同时它面向的是管理者，侧重如何管理研修，强调区域研修活动的宏观把控，应突出区域研修组织管理的本质和特点。

2. 利用研修绩效评价方法，注重区域研修质量评估

PAST 模型注重研修绩效评价方法和工具的应用，利用定量和定性相结合的方法，对教师研修绩效进行评价。借助学习分析技术对师生课堂行为进行分析，通过社会网络分析和时间序列分析对研修过程进行可视化分析，以准实验研究的方法对研修效果进行实证研究。把握区域研修组织管理效果的关键在于质量评估，现有区域研修活动评价以专家点评、教师自评互评等基于经验的评价方式为主，无法深入探究区域研修质量的关键，即无法体现教师专业发展的常态过程。区域研修组织管理应注重利用各种绩效评价手段和方法，通过统计课堂教学行为大数据，分析区域教师专业发展整体特征，实现区域研修组织管理的数据化、过程化、智能化和现代化。

第二节　模　式　构　建

一、核心要素

从实地调研中发现，目前我国区域研修存在目标管理缺失，区域研修活动工学矛盾突出、组织机制不健全、管理制度缺乏设计、技术保障不完善等问题。而已有区域研修组织管理模式和理念较为分散，各模式之间关联较弱，无法从系统上全面解决目前区域研修组织管理存在的上述问题。对于区域研修组织管理者而

言，需要一个充分考虑目标管理、活动管理、组织管理、制度管理、技术管理等多要素的、系统性的、具有实践指导作用的理论模式，为其开展工作提供方法和框架依据。

在区域研修中，区域教育行政人员、技术人员、教研员、专家、教师等各类成员为完成一定目标而形成了一个特定组织。组织理论指出，组织目标是组织运行和管理的依据和动力，组织运行机制是组织生存发展的作用过程，是组织的主体机制。相应地，区域研修的发展目标和运行机制应是区域研修组织的核心要素之一。实际上，区域研修组织依靠区域研修活动的实施而运转，区域研修组织内各成员之间依托区域研修活动产生联系，所以研修活动应是区域研修组织实际运行的载体。

活动理论指出，主体、客体、共同体、工具、规则、分工是活动的六大要素。在区域研修中，研修活动的主体和共同体是一致的，为区域内学校联结成的联盟、集团、片区等或教师工作坊、名师工作室等。研修活动的客体包括研修活动的目标、资源、内容、场景、流程、评价等，对于区域研修组织管理者来说，关注更多的是活动目标、活动模式、活动场景、活动评价等宏观层面。研修活动的工具、规则、分工等要素本质上是为研修活动提供技术保障、制度保障和组织保障等各类保障机制。根据活动理论的六大要素，结合区域研修组织管理者的宏观思维，我们认为应关注活动目标、研修主体、研修场景、研修模式、效果评价等五个子要素的设计。同时，技术保障、制度保障和组织保障等各类保障机制不仅对研修活动产生影响，还为区域研修组织管理各方面提供了技术、制度和人员等支撑，影响区域研修组织管理的全流程，因此，保障机制应与发展目标、研修活动并列为区域研修组织管理的核心要素之一。

关注教师区域研修的 PAST 模型认为，教学法、评价、空间、技术是区域研修活动组织实施的四大核心要素。这四大要素从内容上虽隶属于活动理论客体和工具等元素范畴，然而与活动理论相比，PAST 模型更聚焦，突出了区域研修的特点，重视区域研修行政区域、组织部门和参与人员等的设计，这有助于完善区域研修的组织保障。另外，PAST 模型注重利用各种绩效评价方法开展研修评价，以实现区域研修发展目标，该评价元素不仅指某个区域研修活动的效果评价，还包括对区域研修活动整体质量的评估。受 PAST 模型启发，我们认为质量评估是判断区域研修发展目标是否完成的关键，它与发展目标首尾呼应，构成了区域研修组织管理的起点和终点。

综上所述，基于实地调研中发现的区域研修组织管理存在的问题，依据组织理论、活动理论和 PAST 模型，我们认为发展目标、研修活动、保障机制、质量评估是区域研修组织管理的核心要素。其中，研修活动包括活动目标、研修主体、研修场景、研修模式、效果评价等子要素，保障机制包括组织保障、技术保障、制度保障等子要素。

　　PASA 模式的发展目标、研修活动、保障机制和质量评估四大要素是相互促进、紧密联系的。发展目标是区域研修组织管理的基础，指明了区域研修组织管理的发展方向，是研修活动和保障机制设计的依据；研修活动是区域研修组织管理的运行载体，是区域研修发展目标的实现路径，是质量评估的数据来源；质量评估是衡量区域研修组织管理效果的标尺，评估对象是研修活动，评估目的是判断发展目标是否达成；保障机制为制定发展目标、组织研修活动、实施质量评估提供了人员、技术、经费、政策等方面的支撑，并根据目标、活动、评估需求进行动态调整。

二、运行机制

　　区域研修的组织管理应是一个动态循环、螺旋式上升的过程。区域研修的组织管理应以制定目标为起点，以判断目标是否达成为终点，通过不断改善保障机制，调整研修活动，在动态循环中逐步提高区域研修组织管理的实效性。

　　区域研修的组织管理应是一个自上而下和自下而上相结合的过程。区域层面的总体目标应自上而下分解至各个研修活动，直至每一位研修教师，并与教师的个人发展目标相契合。区域研修的质量评估应基于每一位学生、每一位研修教师的成长数据以及每一次研修活动的评价结果，自下而上判断区域研修目标的达成度。

　　区域研修的组织管理是一个开放而又封闭运行的过程。各地区域研修的发展依托国家宏观政策，得益于科学技术的进步。各地的区域研修是宏观教育系统中的子系统，其各元素都与外部环境紧密连接，但又是依靠内部的组织机构、人员架构、制度规则、技术工具而运转的。

　　基于上述理念，我们认为支持区域研修组织管理的 PASA 模式的运行方式如图 2.3 所示。首先，制定区域研修发展目标，建立含组织保障、技术保障、制度保障等各方面的保障机制，同时，将区域发展目标分解至各类研修活动；其次，组织实施系列研修活动，评估研修活动实施效果；再次，依据研修活动效果，评估区域研修整体的发展质量，判断区域研修发展目标是否达成。最后，根据质量评估结果，再次调整发展目标、改善保障机制、完善研修活动。在动态循环中，逐渐提升区域教育教学质量。

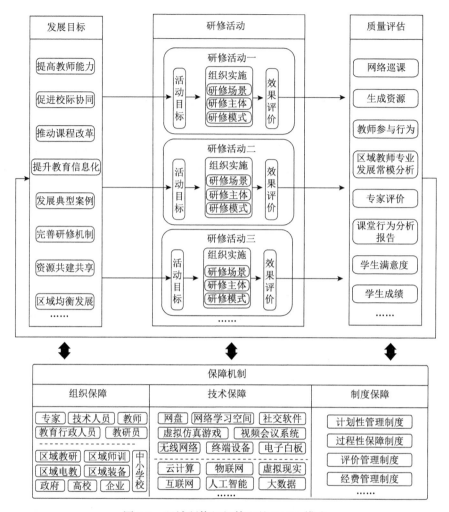

图 2.3 区域研修组织管理的 PASA 模式

第三节 模式解析

一、要素分析

（一）发展目标

按照组织角色及研修范围的不同，可以把研修活动分为教师个体研修、校本研修和区域研修。教师个体研修是教师个体对自身教学过程中遇到的实际教学问题进行反思，制订解决方案并付诸实践，以提高自身教学水平的研修活动。[①]研修对象主要是教学目的、内容、手段、教学模式、教学设计与实施、教学评价等，是教师在教学实践中进行自我反思、发现问题和解决问题的全过程。校本研修是由学校组织，为了改进学校教育教学，提高自身教育教学质量和教师的业务水平，从学校实际出发，依托学校的自身资源优势而开展的教育教学研究活动。[②]校本研修将教师个体研修与学校管理、校本课程开发等有机融合在一起，以教师为主体，理论和专业人员共同参与，强调围绕学校教学观念的更新、教学内容的变革、教学方法的改进和教学效率的提高及校本课程的开发与实施等实际问题开展研究。[③]区域研修是由电教、教研或师训等政府部门组织，在一定行政区域内，整合各学校教育资源，组织学校之间开展教学交流，旨在促进教师教学水平提高，指导学校发展，实现区域内学校均衡发展。[④]区域研修与校本研修的侧重点不同，校本研修以研究一般教学方法问题为主，而区域研修更多关注有一定难度的典型代表问题，在更高层次、更普遍意义方面给予学校指导。[⑤]区域研修通过区域教育行政部门、教研部门、研修部门、电教部门、学校等各单位的协同合作，使区域、学校、教师形成了一个有机群体协作系统。[⑥]

可以看出，从教师个体研修、校本研修到区域研修，参与人员范围越来越广，涉及组织单位越来越复杂。教师个体研修是校本研修和区域研修的基础，教师个体的专业发展是校本研修及区域研修的立足点和出发点。校本研修不仅促进教师个体专业发展，还可解决学校教学的实际问题，实现学校可持续健康发展[⑦]。区域研修依托教师个体研修和校本研修，旨在充分挖掘不同学校的潜力和资源，实现优质资源共享，促进区域均衡发展。

区域研修以教师个体研修和校本研修为基础，区域研修活动的开展离不开教师个体和学校的参与。相应地，区域研修的发展目标也应包含三个层面，即教师层面、学校层面和区域层面（表 2.1）。教师层面的目标决定了区域研修活动的发展方向，提升教师的教学设计能力、教学管理能力、教学实践能力、教学评价能力、教学反思能力和教学研究能力是区域研修活动的根本任务。学校层面的目标是开展区域研修活动的基础，校本研修的发展水平影响区域研修活动的质量，帮助学校推动课程改革、协助学校解决其发展问题、促进校际交流与协作是区域研

① 吴义昌. 科研、教研与中小学教师[J]. 当代教育论坛, 2004, （8）: 35-36.
② 韩江萍. 校本教研制度: 现状与趋势[J]. 教育研究, 2007, （7）: 89-93.
③ 金红梅, 郝秀辉, 李海丽. 区域教研与教师专业发展[M]. 北京: 中国青年出版社, 2015: 1-2.
④ 谢树华. 关于联片教研的几点思考[J]. 科技资讯, 2007, （18）: 113-114.
⑤ 曹荣. 区域教研转型发展的路径选择[J]. 教育理论与实践, 2018, 38（17）: 39-42.
⑥ 魏同玉. 区域协同教研: 乡村"微型学校"校本教研的新发展[J]. 教育理论与实践, 2017, 37（5）: 32-34.
⑦ 金红梅, 郝秀辉, 李海丽. 区域教研与教师专业发展[M]. 北京: 中国青年出版社, 2015: 7-8.

修的重要任务。区域层面的目标是区域管理者组织区域研修活动的初衷，推广本地优秀案例与经验、加强资源共建共享、完善区域研修的机制与方法、提高本地教育信息化水平、实现区域教育均衡发展是区域研修管理者的本职任务。

总的来说，区域研修的发展目标多种多样，各地总体差别不大。但具体到某一个区域研修活动时，区域研修活动的具体目标略有不同，如：区域赛课活动可推动课程改革，实现优秀案例典型示范，加强区域资源建设；网络研修目的是解决传统区域研修时间空间受限等问题，促进区域教育信息化发展；基于专递课堂的区域研修旨在通过强弱校互助，促进校际协作，以强带弱，提升弱校教学质量，实现教育均衡发展；区域大数据精准教研能够完善区域研修的机制和方法，提高区域研修的实效性和针对性等。

表 2.1　区域研修的发展目标

类型	目标内容
教师层面	提升教学设计能力、教学管理能力、教学实践能力、教学评价能力、教学反思能力、教学研究能力等
学校层面	校际协作、推动课程改革、解决学校发展问题等
区域层面	优秀案例典型示范、区域研修成果推广、完善区域研修机制和方法、加强资源共建共享、实现教育均衡发展、促进区域教育信息化发展等

目标是一个组织的行动指南，组织内部所有的活动都围绕着目标展开。一个具体的、有明确方向的目标能将组织内部相互联系起来，使集体力量得以发挥。美国管理大师彼得·德鲁克（Peter F. Drucker）于 1954 年在其著作《管理实践》中最先提出了"目标管理"的概念。目标管理的基本思想是组织内部上下各级管理人员共同制定目标，并将目标分解至各个下级单位和人员，使自上而下的目标分解和自下而上的目标期望相结合，最终组织内成员通过自我管理而达到组织目标的实现[①]。相应地，区域研修的组织管理者制定区域研修发展目标时要注意将区域发展目标与学校发展目标、教师个体发展目标相结合，充分激发教师、学校的积极性、主动性和创造性，使其在区域研修活动中实现"自我控制"。同时，在贯彻执行过程中，要将区域发展目标进行分解，分解至每一个区域研修活动，分解到每一个单位及个体，注重目标完成情况的考核，并把目标完成情况作为评估和奖励的标准。

（二）研修活动

区域研修发展目标需要通过组织实施各类研修活动来实现。活动目标、组织

---

① 彼得·德鲁克. 管理：任务、责任和实践[M]. 刘勃译. 北京：华夏出版社，2008：259-265.

实施、效果评价是开展研修活动必须考虑的基本要素。

1. 活动目标

研修活动的目标来源于区域层面的发展目标，系列研修活动目标的达成标志着区域研修发展目标的实现。相比于区域研修发展目标，研修活动的目标应更聚焦、更具体、更有针对性。

2. 组织实施

组织区域研修活动时，需要考虑研修场景、研修主体及研修模式。研修场景指研修活动实施的时间及空间，研修主体指研修活动的具体实施人员，研修模式指研修活动的流程，三者是影响研修活动组织效率的关键。

（1）研修场景。时间和空间是场景的核心要素。计划研修活动时，在时间安排上，需要考虑研修活动的持续时间有多长，是同步还是异步，研修活动的频率有多高，是一个月一次还是一个学期一次；在地点选择上，是集中还是分散，是线上还是线下。研修活动的时间和地点安排应充分考虑本地物理条件、信息技术发展水平以及教师日常教学安排。信息技术条件较薄弱的地区一般在教室、会议室等较大物理空间组织线下集中式的区域教研观摩活动，通常是一个学期一次，每次活动半天。这种研修活动是面对面的，能增加教师的交流互动效果，研修质量也较高，但因人力、物力成本较高，受时空限制，导致活动频率较低，无法覆盖全体教师。对于信息技术条件好的地区，可以借助互联网经常开展线上分散同步或异步的研修活动，扩大区域研修的规模，让尽可能多的教师在区域研修中受益。另外，研修活动应与教师日常教学活动相结合，避免研修和教学"两张皮"，增加教师的工作压力。

（2）研修主体。在区域研修中，研修活动的主体往往是某个片区、集团校、网络联校、城乡结合校等学校团体或名师工作室、教师工作坊、学科教研组等教师团体，旨在发挥名校、名师的引领辐射作用，带动更多学校和教师，提升学校的教学质量和教师的教学水平。

（3）研修模式。专家讲座、课堂观摩、自主研修和案例评析是区域研修中较常见的活动模式。随着信息技术的不断发展，区域研修的活动模式在不断拓展和丰富，如基于区域网络赛评课活动的课例研修、网络名师工作室支持的主题研修、混合环境下的微课题研修、基于专递课堂的同侪研修、智能录播环境下的大数据精准研修等。无论哪种活动模式，基本上都包含确定研修主题、案例/理论学习、备课上课、听课评课、讨论互动、说课反思、资源共享等研修任务，不同的活动模式是研修任务的重组和流程再造。区域研修活动的组织者在选择研修模式时要立足区域研修发展目标，充分发挥本地优势，鼓励教师在课堂教学实践中开展理论研究，将理论研究应用于课堂教学实践，实现教研训一体化发展。

3. 效果评价

目前，专家点评、研修教师自评互评及基于一定标准的打分制评价方式是常用的研修活动评价方式。这些传统评价方式是经验导向的，偏向于主观化、臆测化，成熟型教师能够很容易凭借经验进行评价，但对青年教师而言挑战较大[1]。随着信息技术的发展，基于数据的、关注研修过程的评价方式逐渐发展起来，将经验分析和数据报告相结合，相互佐证，相互补充[2]，更能全面分析研修活动实施效果。

（三）保障机制

保障机制指为区域研修活动的组织管理提供人员、技术、政策、经费等各方面的支撑，一般包含组织保障、技术保障和制度保障等。

1. 组织保障

在调研中，我们发现区域研修主要由区域教育行政部门统筹，区域教研、电教、师训等部门具体组织，联片中小学校或教师工作坊、名师工作室具体实施，组织架构主要是从上至下的单线或多线的直线型。这种纵向的组织架构依托传统科层制管理体制，结构较为简单，权责明确，但跨部门协调沟通较难，缺少专家引领，且随着信息技术的发展，只依靠区域内部技术人员已经无法满足教师的研修需求，需要企业深度参与。因此，区域研修的组织管理应探索一种涉及企业、高校、区域、中小学的多方协同运行机制，在一定程度上调动社会各方力量为区域发展提供保障[3]。

矩阵型组织架构（图 2.4）在保持纵向管理体制的基础上，注重区域教研、师训、电教等部门的合作，强调高校、企业等区域外部组织为区域研修提供横向支撑，倡导区域内外分工协作，从行政管理、活动组织、技术支撑、专业引领等各方面协同推进区域研修活动。区域教育行政部门是区域研修的管理者，负责区域研修的总体发展和规划。高校专家具备先进的教育思想和教育理念，为区域研修提供专业引领，能够避免区域研修活动的低水平反复[4]。企业拥有丰富的教育产品和技术，能够为区域研修活动提供产品和技术支持。区域教研、师训、电教等部

① 洪亮. 大数据时代校本教研转型策略及路径[J]. 中国教育学刊，2015，（7）：78-81.

② 赵枫，李恒才. 基于 AI 分析系统的混合式听评课教研的实践[J]. 教育信息技术，2018，（12）：53-56.

③ 刘冬梅. "互联网+"背景下面向教师专业发展的 EURS 协同创新机制研究[D]. 西北师范大学硕士学位论文，2018：23-29.

④ 顾泠沅，王洁. 教师在教育行动中成长——以课例为载体的教师教育模式研究（上）[J]. 课程·教材·教法，2003，（1）：9-15.

门在行政上归属区域教育行政部门管理，负责从教研、培训、信息技术等方面推动区域教育行政制度和政策的落实，组织中小学校开展区域研修，同时也是区域与中小学，区域与高校、企业，中小学与高校、企业沟通的渠道和桥梁。

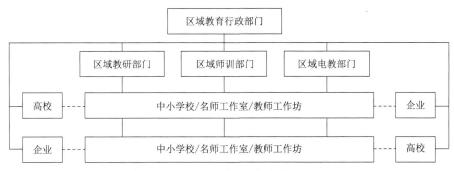

图 2.4　矩阵型组织架构

总的来说，区域研修的组织结构和权责分工涉及的部门多，人员广，各个部门的侧重点和工作方式有所不同，很容易出现教研、科研、培训、电教等各自为政甚至相互抵触的现象[①]。要保证各个部门形成一个协同有效的工作机制，就需要探索适合本地区域的有效整合路径，避免出现研修力量分散、整而不合的现状[②]。

2. 技术保障

技术元素在区域研修中起到不可忽视的作用，大量的研修活动都依托信息技术工具的支持，技术的使用为区域研修提供了便捷和更多可能性。[③]

PASA 模式中的技术保障指支持区域研修开展的技术与工具，具体分为技术支撑层、功能模块层、数据层、分析层多个层次（图 2.5）。具体来说，互联网、大数据、云计算、人工智能等技术构成了技术支撑层。在技术支撑的前提下，区域研修的工具具有不同的功能，如资源共享、观评课、检索、讨论、调查、活动、通知等。在区域研修活动中，根据不同功能模块进行不同的数据采集，形成了数据层和分析层，进而从宏观上获取区域研修整体特征，从中观上获取学科研修特征、资源特征和活动特征，从微观上获取教师个体特征，为区域研修组织管理者提供决策依据，为区域研修活动的开展提供切实保障[④]。

① 龚雄凤. 从"教研"到"研修"：区域教研转型的深度推进[J]. 中小学管理, 2016, (4)：11-14.

② 毛擘, 方晓霞. 整合：教师研修课程化的区域实践[J]. 基础教育课程, 2019, (14)：7-12.

③ 张屹, 李晓艳, 朱映晖. 智慧课堂中的教学创新——APT 视域下的教学案例及理论解读[M]. 武汉：华中师范大学出版社, 2018：52-54.

④ 曾媛, 李阳. 信息技术支持下以人为本的区域研修研究[J]. 中小学教师培训, 2020, (2)：19-22.

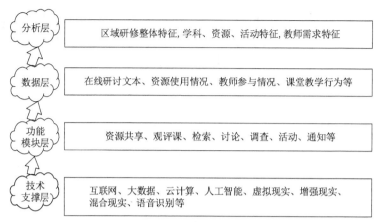

图 2.5　区域研修技术保障

互联网、大数据、云计算、人工智能等技术是区域研修工具的底层技术支撑，开展区域研修活动需要多种技术工具的支持。按照功能的不同，常用于区域研修的技术工具包含创造网络研修环境的硬件设备及支持资源共享、协同备课、上课、信息检索、即时沟通、创建教研社区、听课评课、投票评选、宣传推广等功能的各类软硬件工具，如表 2.2 所示。

表 2.2　区域研修常用技术工具

功能	技术工具
创造网络环境	终端设备、网络机顶盒、无线网络、蓝牙适配器……
支持资源共享	硬盘、百度云、百度网盘、钉盘……
支持协同备课	Microsoft Office、有道云笔记、一起写……
支持教师上课	各类教学 App、交互式电子白板、虚拟仿真软件、教育游戏……
支持信息检索	谷歌、百度、必应……
实现即时沟通	电子邮件、QQ、微信、视频会议系统……
创建教研社区	论坛（BBS）、专题教育社区、网络学习空间、在线教研社区……
支持听课评课	录播系统、直播系统、课堂数据分析系统
支持投票评选	问卷星、UMU……
实现宣传推广	微信公众号、微博、博客……

近年来，随着信息技术与区域研修的不断融合，区域研修模式逐步发生改变，为区域研修的发展带来了新的机遇。区域研修的基础设施实现从传统面对面环境

向网络化、智能化环境重大飞跃，支持着研修模式多维拓展[1]。研修人员从教师扩展到区域研修职能部门、企业、高校等众多相关者，研修角色逐渐多样化[2]。研修内容从以前基于单一学科逐渐关注多学科融合[3]，从关注"教师的教"转向"学生的学"[4]。研修资源的供给方式实现按需供给，满足教师的个性化需求，支持资源共建共享，扩大供给容量[5]。研修评价从"基于经验"转向"基于实证"[6]，通过语音识别、图像识别、语义识别实现大数据采集和个性化反馈，解决了课堂教学行为采集困难的问题[7]。

3. 制度保障

区域研修活动完全靠教师自觉参与，学校自行组织是行不通的，也是不理性的，需要依靠一些规则与制度，一方面约束和规范教师和学校的行为[8]，另一方面使区域研修活动有时间、空间、经费、人员、技术等各方面的保障[9]。区域研修制度主要有计划性管理制度、过程性管理制度、评价管理制度和经费管理制度等[10]。计划性管理制度，如区域研修长期规划、中期计划及年度实施方案等，解决"为什么做"以及"做什么"；过程性管理制度，如区域研修常规工作制度、有关负责人工作制度、区域研修工作保障制度、专家指导制度等，决定"如何做"；评价管理制度，如区域研修的激励机制、教师参与区域研修过程记载考核制度、教师综合评价制度等等，重点在于"做完如何评"；经费管理制度，如经费使用条例、经费审计制度等，为区域研修提供经费保障。

区域研修制度不是简单的、刚性的、表面的条文，它的目的是激发教师的职业热情，吸引学校积极参与，为教师和学校的发展提供服务与支持。区域研修制度的制定要符合科学规律，面向未来，从研修本身和本地的需求出发，做到具有整体性、本土性、前瞻性和可行性。首先，本地区域研修的制度要落实国家、本

---

① 曹宇星. 互联网+教研：面向新时代的发展——访华南师范大学胡小勇教授[J]. 数字教育，2019，5（1）：10-14.

② 汪晓凤，余胜泉，陈玲. 技术支持环境下基于 USP 的混合式课例研究[J]. 中国电化教育，2018，（3）：97-102.

③ 常咏梅，张雅雅. 基于 STEM 教育理念的教学活动设计与实证研究[J]. 电化教育研究，2018，39（10）：97-103.

④ 北京海淀区教委副主任罗滨：教研创新促进区域教师高水平发展 [EB/OL].（2016-07-23）. https://mp.weixin.qq.com/s/wul8eEu2o1LsXe2gR0PvbA.

⑤ 胡小勇，曹宇星. 面向"互联网+"的教研模式与发展路径研究[J]. 中国电化教育，2019，（6）：80-85.

⑥ 罗滨. 成就"未来之师"：区域教师研修的海淀实践[J]. 中小学管理，2017，（6）：9-11.

⑦ 洪亮. 大数据时代校本教研转型策略及路径[J]. 中国教育学刊，2015，（7）：78-81.

⑧ 顾泠沅，王洁. 校本教研：从制度建设到聚焦课堂[J]. 人民教育，2007，（19）：45-47.

⑨ 杨玉东，严加平. 究竟什么是中式课例研究——背景、内涵和特征解读[J]. 上海教育科研，2020，（10）：38-44.

⑩ 徐学俊，周东祥. 教师校本研修及其区域协作机制探索[J]. 教育研究，2004，（12）：65-69.

省、本市的指导性、纲领性文件，确保总体方向与国家发展一致。其次，区域研修制度要从实际出发，顺应本地发展需求，着眼于解决本地现实问题。最后，制定区域研修制度要避免"拍脑袋"，要眼界开阔，眼光长远，不仅要考虑传统的区域研修管理方式，还要考虑日益改进的新技术对区域研修的组织、管理与评价所产生的影响。除了技术的影响以外，现代管理模式的不断发展也为区域研修的规划提供了新的灵感，如研究型管理机制①、多主体参与管理、服务型教育管理等。最后，落实区域研修制度是关键。区域研修制度要切实可行，一份具有可行性的区域研修制度必须建立在对本地区研修现状充分调研、对国家政策深刻理解、对社会发展准确把握的基础上。

（四）质量评估

实现区域研修的有效组织和管理，研修质量评估是关键。区域研修的质量评估建立在一个个研修活动效果评价的基础上，专家点评、观课评课和自评互评等主观报告法是各地广泛使用的研修活动评价方式。随着研修海量数据的产生，传统评价方法在可视化、科学性及客观性方面面临巨大挑战。利用人工智能技术和学习分析技术，对研修过程中师生课堂行为、用户参与行为、交互特征等数据可实现定量研究，为评估研修效果提供了依据。通过对每一次研修活动数据进行综合分析，可看出区域研修整体特征，进而判断区域研修目标是否达成，根据目标达成情况进行相应的考核激励。然而不管何种评估方式，区域研修质量评估都应建立在对教师常态性工作状态给予及时诊断的基础上，避免唯证书、唯论文、唯职称，以及与物质利益直接挂钩，无法激发区域研修相关部门、学校、教师的积极性，难以深入探究促进教师专业发展。

二、模式特征

（一）诠释了区域研修组织管理的本质

现在大量相关研究关注研修活动的具体设计，包括区域研修活动的内容、资源和流程安排等，这些是较为微观的细节设计。在实践中，对于区域研修的组织管理者来说，他们更多关注的是研修活动的宏观把控，如确定研修场景、安排研修主体、指定研修模式等，注重为区域研修活动提供组织保障、制度保障和技术保障，突出的是其自身的服务角色。PASA 模式包含发展目标、研修活动、保障机制、质量评估四个要素，注重建立区域研修保障体系，关注研修活动的研修场

---

① 沈忠明. 构建区域教育研究型管理机制及其运行模式的思考[J]. 教学与管理，2014，587（10）：11-13.

景、研修主体及研修模式，这与区域研修组织管理的本质更加契合。

（二）提供了一种区域研修组织管理范式

PASA 模式以区域研修发展目标为基础，注重建立含组织保障、技术保障、制度保障等各方面的保障机制，将区域发展目标分解至各类研修活动，通过组织实施系列研修活动，并对研修活动质量进行评估，以判断区域研修发展目标是否达成，进而再调整发展目标、改善保障机制、完善研修活动，以促进区域教育质量发展。PASA 模式总结了区域研修组织管理的常见运行机制，为区域研修组织管理者提供了一种基本方法，区域研修组织管理者可在 PASA 模式的基础上进行扩展应用，不断提升本地区域研修组织管理效率。

（三）注重区域研修的目标管理

在调研中发现，很多地区出现教师对区域研修活动目的认识不清、参与活动的积极性不高等问题，主要是因为区域研修活动目标无法满足教师个体的需求，区域研修组织管理者忽略了区域研修的目标管理。在现实中，区域研修的发展目标是自上而下制定的，区域研修目标的制定者与区域研修主体不一致，忽视了区域研修主体——学校、教师的实际需求，导致区域研修活动常常浮于表面，没有针对性和实效性。PASA 模式强调区域研修的目标管理，注重区域内上下各级人员共同制定区域研修发展目标，并将目标分解至各个下级单位和人员，使自上而下的目标分解和自下而上的目标期望相结合，使区域内教师、学校通过自我管理实现区域研修目标。

（四）实现了区域研修组织管理的现代化

传统区域研修的活动组织是线下面对面的，即使使用信息技术，也仅停留在即时沟通、资源共享等浅层次应用上，人工智能技术虽实现了课堂教学大数据分析，但很多地区仅仅对某一老师的某一节课进行教学行为分析，无法看到区域教师整体的教学特征，从区域层面看，还未从根本上改变区域研修组织管理的效率和质量。PASA 模式注重信息技术与区域研修的深度融合，强调利用信息技术重造区域研修活动场景和活动模式，实现区域研修的规模化、网络化和智能化发展，提升区域研修的组织管理效率。另外，PASA 模式注重基于数据的区域研修质量整体评估，而不仅仅关心某一位老师或者某一次教学活动。PASA 模式强调利用信息技术实现网络巡课，通过统计分析全区所有教师一学期、全年或更长时间的研修数据，建立全区教师专业发展常模，为区域研修组织管理者决策提供坚实基础，实现区域研修组织管理的现代化。

三、模式应用的重难点

针对区域研修组织管理当前存在的主要问题，PASA 模式应用的重点在于：①关注区域研修发展目标的细化，注重将区域研修发展的总体目标分解至各个研修活动；②合理设计区域研修的组织结构及人员分工，充分调动区域教育行政、教研、电教、企业、高校、中小学等各方面力量为区域研修提供支持；③从发展规划、过程方案、评价实施、经费使用等方面多角度全方位设计区域研修组织管理制度。PASA 模式应用的难点在于：①整体规划区域教师研修平台的技术支撑层、功能模块层、数据层和分析层，实现区域研修组织管理的数据化、过程化、智能化和现代化；②结合教师日常教学，设计开展常态化的线上线下相结合的区域研修活动，减轻教师负担；③利用各种绩效评价手段和方法，分析区域教师专业发展整体特征，评估区域研修发展的整体质量。

典型案例篇

　　本篇介绍了 9 个地区的区域研修组织管理 PASA 模式应用典型案例，重点介绍区域某一研修模式的组织管理。各案例从案例背景[①]、PASA 模式应用概览、案例组织实施、案例特色与创新四个方面展开介绍。

---

　　① 本书 9 个典型案例和 9 个精简案例中案例背景部分涉及的教育基本情况数据均来自教育部—中国移动科研基金 2017 年度项目"信息技术支持下的区域教研模式研究及试点"项目试点区域工作总结报告。

第三章

三人行　小课题　优课解码

——基于 T 模式的跨区域协同研修

实施地区：广东省广州市天河区、清远市连山壮族瑶族自治县
组织单位：广东省广州市天河区教育局、连山壮族瑶族自治县教育局
负 责 人：张伟春
主要成员：谢镇宇、张熙婧、张瑞培、张惠平、唐丙才、黄绍定、虞伟力、胡家赛

第一节　案例背景

天河区，隶属于广东省广州市，位于广州市东部，是广州市新城市中心区。天河区有高中 8 所，九年一贯制学校 5 所，初中 17 所，完全小学 69 所，其中 24 所学校为市级以上现代教育实验校。天河区在编中小学教师 5740 人，中小学生 10.3 万人。有教研员 27 名，其中专职教研员 20 名，兼职教研员 7 名，学科覆盖语文、数学、英语、科学、思想品德（道德与法治）、历史、地理、化学、生物、物理、音乐、美术、体育、综合实践、通用技术。天河区公办中小学生机比为 5∶1，师机比为 1∶1.2，千兆光纤到校，互联网接入比例为 100%，校园无线网覆盖率为 30%。天河区是全国以校为本教研制度建设示范区，自 2005 年创建全国知名四大教研平台——"天河部落"以来，天河区开展线上线下相结合的混合式研修已逾 15 年。

连山壮族瑶族自治县（简称连山县），隶属广东省清远市，地处山脉之中，位于粤、湘、桂三省（自治区）结合部，全县总面积的 87% 为山地，主要少数民族人口有壮族、瑶族等。连山县有 34 所中小学，其中完全高中 1 所，九年一贯制学校 4 所，初级中学 4 所，完全小学 9 所，教学点 16 所。连山县有教研员 8 名，均为专职教研员，含中小学语文 2 人，中小学数学 2 人，中小学英语 1 人，中学物理 1 人，中学化学 1 人，学前教研员 1 人。连山县中小学光纤宽带接入比达 100%，中小学校带宽 1G，教学点带宽为 100M，生机比达 4.67∶1，师机比为 1∶1.18。全县建有 4 间互通互联同步教学的精品录播教室，29 套直播视频系统。长久以来，连山县教育存在发展不均衡，学校分散、镇村差异大，优秀教师派不进、留不住等难题。此外，由于镇村距离远，农村异校教师交流机会少，名师、骨干教师少且分布不均。

自 2016 年起，天河区教育局在广州对口帮扶清远指挥部的支持下，联合广东省教育技术中心、广州开放大学、广州市教育信息中心、清远市教育教学研究院及华南师范大学未来教育研究中心协同开展教育精准帮扶项目，不断探索"互联网+"时代教师协同发展新路径。立足教育信息化 2.0 时代下教育精准帮扶，基于总项目组提出的四种研修模式（课例研修、微课题研修、主题研修、同侪研修），融合天河区教研宝贵经验，天河区和连山县共同探索了天河—连山基于互联网的跨区域协作研修模式——横向"三人行"+纵向"小课题"=T 模式（简称 T 模式）（图 3.1）。通过该模式，天河区指导连山县教师掌握优课解码方法，辅助连山县建立融合"教研+科研"（2Y）的区域研修机制，解决连山县学校校际合作难题，提升连山县教师的听评课能力，实现连山县教师的造血式发展，提高区域研修的有效性，促进天河—连山教研一体化和教师协同发展。

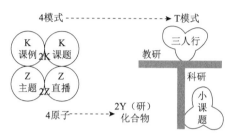

图 3.1   天河—连山跨区域研修项目

第二节   PASA 模式应用概览

天河—连山跨区域研修项目 PASA 模式应用如表 3.1 所示。天河—连山利用 UMU、钉钉直播和钉盘软件，在各级组织单位的指导下，开展了融合课例研修和课题研修的 T 模式教研活动，以提升连山县教师的能力，促进两地教师协同发展。

表 3.1   天河—连山跨区域研修项目 PASA 模式应用

模型要素	应用概览
发展目标	通过 T 模式，天河区指导连山县教师掌握优课解码方法，提升连山县教师的听评课能力；利用信息技术突破地域限制，解决校际合作难题；探索天河—连山基于互联网的跨区域协作研修模式，提高区域研修的有效性，促进天河—连山教研一体化和教师协同发展
研修活动	2019 年 3—11 月，天河区遴选的 7 所试点学校与连山县遴选的 12 所试点学校成立一个研修团队，以 3—4 人小组的方式开展 T 模式教研。双方联合计划平均每月组织一次研修活动。主要采用线上线下、同步异步相结合的方式，即组织培训和观课评课时，天河区教师和连山县教师分别集中在某所学校，双方通过视频会议开展线上线下相结合的集体培训和课例研修；开展研修时，两地教师通过研修平台在线上进行异步交流互动和资源分享
组织保障	天河—连山跨区域协同研修由广东省教育信息中心、广东省教育研究院等省级单位，广州市教育信息中心、清远市教育局等市级单位，天河区教育局、连山县教育局等县级单位及华南师范大学和 19 所中小学共同组织开展，各单位联合为活动提供组织保障
制度保障	天河、连山两地教育部门共同研究并确定年度教育帮扶工作方案，以保障研修活动顺利开展
技术保障	使用公开免费的研修软件——UMU 互动学习平台，为研修团队提供一个研修空间，开展线上研修活动；利用钉钉视频直播工具开展全员培训，使用钉盘软件实现资源存储和共享
质量评估	以课题的形式组织教师开展研修，试点后，采用专家评审方式对课题质量进行评估

第三节　案例组织实施

天河—连山的基于 T 模式的跨区域协同研修模式是组织各学科教师形成 3—4 人（"三人行"）研修小组，利用优课解码方法开展课例研修，在课例研修中开展"小课题"研究，实现教、研有机融合，具体组织实施如下。

一、研修团队

天河—连山跨区域协同研修由天河区 7 所试点学校和连山县 14 所试点学校共同开展，其中天河区学校有汇景实验学校（中学）、华阳小学、华康小学、第一实验小学、昌乐小学、石牌小学、天府路小学，这些学校分别在集团发展、课题研究、名师工作坊、校本教研、UMU 应用等方面有特长；连山县学校有民族中学、连山中学、永和中学、福堂中学、小三江中学等 5 所中学，有加田田家炳学校、禾洞镇中心学校、太保镇中心学校等 3 所九年一贯制学校，还有佛山希望小学、小三江中心小学、民族小学、福堂镇永丰小学、永和中心小学、上帅中心小学等 6 所小学。其中，定点帮扶学校为汇景实验—民族中学、华康小学—永和中心小学、第一实验—福堂镇永丰小学、昌乐—佛山希望小学、天府路—小三江中心小学。

为保障研修顺利开展，天河、连山各设立一名专员负责对接项目事宜，同时成立初中语文、初中数学、小学语文、小学数学、小学英语 5 个学科研修组。研修组共计 96 人，其中天河区 45 人，连山县 51 人，各研修组人数如表 3.2 所示。每个研修组由天河、连山各设立 1 名组长，两名组长协商小组内研修活动，并分别负责协调管理各自成员。具体人员设定如表 3.3 所示。

表 3.2　天河—连山跨区域研修人数（单位：人）

区域	小学语文	小学数学	小学英语	初中语文	初中数学	合计
天河	10	12	9	8	6	45
连山	10	10	11	10	10	51
合计	20	22	20	18	16	96

表 3.3　天河—连山跨区域研修学科组管理人员设定

区域	总体负责	小学语文	小学数学	小学英语	初中语文	初中数学
天河	谢镇宇	陈玉娟	赖艳	徐杰雄	杨耀炜	李绍玲
连山	黄绍定	魏韶婷	黄绍定	胡家赛	虞伟力	唐丙才

为提高研修活动效果，促进教师合作，各学科研修教师自由结合组成 3—4 人研修小组，天河、连山两地就近组合，以方便线下活动的组织。每个小组设立 1 名小组长，负责带领本小组成员开展"三人行"课例研修。两地三个小组构成线上学科组开展在线研修活动。各学科研修组内管理架构如图 3.2 所示。

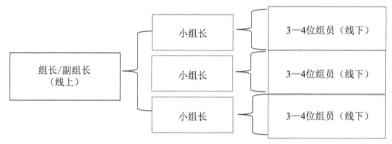

图 3.2　天河—连山跨区域研修项目学科研修小组架构

二、研修工具

天河—连山跨区域协同研修得到北京优幕科技有限责任公司（UMU）和钉钉公司的大力支持。UMU 是知识分享与传播的互动学习平台，它的优势在于加速知识的流动，让每个人融入活动、分享经验、有所收获。UMU 公司为研修免费开通企业版并跟踪使用情况，专门制作首页架构承载研修活动全过程的记录。UMU 研修平台界面含推荐活动和每月研修活动，根据项目分组设置栏目。每月研修活动以 UMU 课程形式承载。项目组的"三人行"研修活动，利用 UMU 课程的签到、文档、图文、视频、直播、问卷、提问、讨论、拍照、作业等功能进行课程小结，构建研修课程活动过程的教材分析、教学设计、集体备课讨论、课例直播、课例分析、AI 评课、资源分享等环节。其中 AI 评课识别高频词，并将评课语音转为文字，从音量、语速、流畅、眼神、表情、手势六个维度自动对老师的评课视频进行评分及相关分析，让老师在多次评课中不断发展个人能力。

研修过程中还使用钉钉视频进行直播，使用钉盘存储项目资料，通过组建钉钉研修组织，构建清晰的层级架构，实现全员、分组在线联系。利用钉钉直播可以便利地开展项目组全员培训直播、各小组课例直播等活动。利用钉盘 100G 空间建立计划、课例、数据统计、总结、课题等共享目录，其中课例含每月研修活动的一课三案（一个课例视频、三个教案），方便研修教师查阅，实现资源共享。

三、研修活动

天河—连山跨区域协同研修项目的具体研修过程主要有三个环节，即课题研究、优课解码培训和课例研修。

（一）课题研究

天河区教育局、广州市电化教育馆、华南师范大学未来教育研究中心及清远市教育教学研究院成功申报 2018—2020 年广东省基础教育信息化融合创新示范培育推广项目（简称省融合创新项目），获得 20 万元项目资助。2019 年 3 月，天河区集结优质师资团队和科研培训团队赴连山县召开省融合创新项目课题启动会。经过专家指导，在协同教研的鼓励支持下，以学科小组为单位进行课题申报，5 个研修组共申报 13 个课题，其中 7 个课题通过省融合创新项目课题立项审核（表 3.4）。未能成功申报省课题的初中数学组、初中语文组通过区（县）"小课题"立项。参加课题的成员均为研修团队成员，结合各学科小组研修开展的课题研究活动覆盖参与项目的全体教师。2019 年 7 月 16 日，7 位课题负责人参加开题培训；7 月 25 日项目组召开开题会。

表 3.4　天河—连山省融合创新项目课题立项名单

序号	立项编号	区域	课题名称	负责人	单位
1	19JX06010	天河区	基于 OMO 的项目式阅读促家国情怀培育实践研究	陈玉娟	天河区石牌小学
2	19JX06017	天河区	"UMU 平台"支持下小学数学教师区域协同发展路径研究	赖艳	天河区华阳小学
3	19JX06031	天河区	基于移动互联办公平台的区域研修治理研究	谢镇宇	天河区先烈东小学
4	19JX06217	清远市	基于钉钉未来校园构建区域乡村教师发展治理模式的研究	马潜福	连山县教育局
5	19JX06218	清远市	交互式白板在少数民族地区小学口语交际课的应用研究	赵代媛	连山县民族小学
6	19JX06219	清远市	信息技术支持下的跨区域小学数学课例研修模式研究	李丽萍	连山县民族小学
7	19JX06220	清远市	在线共享小学英语课堂教学资源的区域研修模式研究	胡家赛	连山县教育局

（二）优课解码培训

1. 优课解码 1.0

优课解码 1.0 应用建构主义四要素（情境、协作、会话、意义建构）进行观课分析，通过 DWC（D 摆事实、W 讲道理、C 有主张）对话整理评课意见。

2019 年 5 月 16 日，天河—连山跨区域协同研修组织第一次优课解码培训，活动采取现场培训+视频会议的方式。主会场设在天河区第一实验小学，分会场设在连山县佛山希望小学，天河老师现场解课，连山老师收看视频、同步解课。天河区教育局三级调研员张伟春用简明的"5 步 3 阶"[①]及生动案例向两地教师详细介绍优课解码方法，让两地教师深入了解优课解码的评课程式，指引教师学会深入分析、评价别人的课堂，通过解课程式，让教师从低阶的听课（理解），上升到高阶的评课（分析、评价）和授课（创造）。

为进一步巩固培训效果，6 月 25 日，小学数学学科研修组开展课例研修活动，两地直播课例，并应用优课解码四要素解课分析表（表 3.5）开展协同教研。

表 3.5　优课解码 1.0 解课分析表

要素	事实
情境	
协作	
会话	
意义建构	

2. 优课解码 2.0

优课解码 2.0 应用对教学的切片、分析、评价，达到教学分析评价经验积累的高效化。优课解码 2.0 版本的三步骤是教学切片、片段分析、片段描述。教学切片是从优课的课堂教学视频中提取典型的某一相对独立的教学设计片段，为教学分析提供有价值的载体。片段分析是以教学切片形成的教学片段为对象，对教学行为进行定性、标准对照，将个案与原理相结合。片段描述是在教学片段分析的基础上，对教学经验进行概括抽象，形成经过实践检验的教学策略。

7 月 24 日，天河区教育局张伟春在连山县进行第二次优课解码培训，引领教师进入优课解码 2.0 时代。张伟春指出，教师听别人的课，认知一般处于低阶的

---

① 5 个步骤为确定主题选择课例、个体备课形成一案、集体备课形成二案、课堂展示直播共享、解码研修形成三案；3 个阶段为感受、分析、对话。

理解、记忆层次，要达成自己上好课的创造层次，还需要学会分析、评价别人的课堂。

（三）课例研修

教师通过优课解码培训掌握专业的听评课技术，各学科组利用优课解码开展基于课例的"三人行"研修活动。每月研修活动由各学科组长协商组织两地"线下课例"加 UMU 平台"线上研修"。3—6 月 5 个学科组开展了 3 轮"三人行"研修活动，9、10 月开展了两轮研修活动。研修活动流程如图 3.3 所示。

"三人行"研修活动通常为"三人行+同课异构"。天河—连山学科组围绕同一教材，按"个人设计—集备互评—整合教案—课例实践—评价反思"五流程，进行个人钻研、同伴互助、专业引领的教研。UMU 课程结构包含两地异构课例的七环节：①教材分析（含讨论）；②教案一稿（含讨论）；③集备二稿；④课例直播；⑤解课分析（解课表）；⑥AI 评课；⑦共享资源。

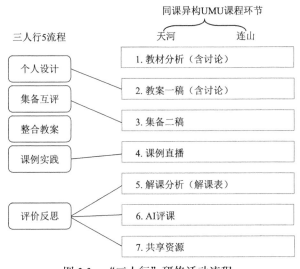

图 3.3 "三人行"研修活动流程

2019 年 11 月 15 日，项目组在连山佛山希望小学举行结项验收活动。结项按个人解码考查、学科分组报告、项目整体报告三个环节分层验收。专家组华中师范大学赵呈领教授、刘清堂教授、张屹教授，华南师范大学胡小勇教授现场观摩课例、查阅结项资料、听取结项报告，并进行咨询，一致形成了以下意见：①项目验收资料齐整、规范。②完成了试点工作方案中的各项任务，取得了试点的预期效果。③依托 5 个学科研修组，协同开展了 5 组 5 轮共 51 个课例研修活动，打造了高效易行的协同创新教研模式——横向"三人行"+纵向"小课题"的 T 模式；借助 UMU 平台实现了区域教研，融入了人工智能技术进行优课解码，促进了天河—连山教研一体化和教师协同发展，取得了良好成效。

专家组一致认为，该项目达到了教育部—中国移动科研基金 2017 年度项目"信息技术支持下的区域教研模式研究及试点"广东省试点项目的预期研究目标，同意通过结题验收。建议试点单位进一步加大教师教研投入及推进力度，促进区域研修常态化运行及优秀案例成果推广。

四、研修保障

（一）组织保障

本项目属于广州—清远教育精准帮扶项目，项目组织单位涉及教育行政部门、业务部门、大学、中小学等多级多类单位（图 3.4、表 3.6）。各单位发挥特长，共同推进天河—连山一体化。

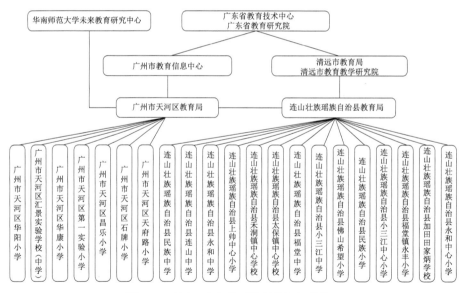

图 3.4 天河—连山跨区域研修组织单位

表 3.6 天河—连山跨区域研修项目参与单位及职责

类型	单位	职责
大学	华南师范大学	理论支持及指导
省级业务部门	广东省教育信息中心、广东省教育研究院	政策支持及方法指导

续表

类型	单位	职责
市业务部门	广州市教育信息中心、清远市教育教学研究院	政策支持及方法指导
行政部门	天河区教育局、连山县教育局	方案设计、任务制定、经费保障、两地协同
中小学	天河区下属学校、连山县下属学校	实施研修、落实课题研究

（二）制度保障

2016 年起，连山县成为天河区的对口帮扶单位。为充分发挥优质教育资源的辐射带动作用，两地教育部门共同研究并确定年度教育帮扶工作方案。2018 年制定《"互联网+教育帮扶之优课解码"项目工作方案》，要求每年对接交流不少于 2 次，新引入教育帮扶项目不少于 2 项，两地教师、学生交流活动不少于 20 次。2019 年签订《广清"互联网+教育帮扶之优课解码"项目合作协议书》，推动跨区域协同研修项目实施。

（三）经费保障

天河区教育局、广州市电化教育馆、华南师范大学未来教育研究中心及清远市教育教学研究院合作推进的广清优课解码项目纳入 2018 年广清教育帮扶十大重点项目之一，并成功申报 2018—2020 年广东省基础教育信息化融合创新示范培育推广项目，获得 20 万元项目资助。清远市教育局已设立 45 万元专项经费用于支持连山县及两所市直属中学 2018—2019 年的"互联网+教育帮扶之优课解码"项目。

通过横向"三人行"+纵向"小课题"的 T 模式，连山县完善了信息技术支持下的区域研修机制，形成了 51 个优秀研修课例，切实提升了连山县教师的专业能力。目前，7 个课题全部通过省融合创新项目结项，6 篇论文向《教育信息技术》投稿，发表 3 篇。

第四节　案例特色与创新

教育均衡发展一直是教育界经久不衰的话题，随着信息技术的发展，教育均衡问题比以往更频繁地成为社会关注的焦点。究竟如何促进区域教育均衡发展？天河—连山的跨区域协同研修给广大教育工作者提供了一个非常好的经验和模式，该案例有两大特色值得关注。

（1）天河—连山形成了"三人行""小课题"的组织方式。跨区域协同研修涉及的组织机构杂、人员多，在研修管理方面需要花费很大精力。该案例将研修人员按学科分为各个研修组，并在研修组中再细化为"三人行"小团队，管理精细，有利于每一位教师参与活动，充分促进天河和连山两地教师的相互合作和学习。另外，该案例是基于"（小）课题"的研修，这种课题引领、"教研、科研"研修一体的方式，使得参与研修的教师不仅研修压力较小，成长还较快，能很好地激发教师的积极性。

（2）运用优课解码开展课例研修。优课解码注重课例的系统化深入分析，是一种专业的听评课方法。天河区将这一有益经验传授给连山县老师，很大地改善了连山县以往浅层课例研修的局面，有效地提高了连山县区域研修的实效性，极大地提高了教师的专业水平。

第四章

基于城乡结对的互动课堂区域研修

实施地区：黑龙江省哈尔滨市阿城区
组织单位：黑龙江省哈尔滨市阿城区教师进修学校
负 责 人：赵志平、冯洪波、刘会民
主要成员：高金昌、李景阳、刘瑞华、董占军、于海萍、赵秀波、佟洁、苗嘉瑞

第一节 案 例 背 景

阿城区隶属于黑龙江省哈尔滨市，素有"女真肇兴地，大金第一都"的美称，东部山区峰峦叠翠，西部平原坦荡辽阔，是根植于黑土地的版画之乡，曾被评为黑龙江经济最具活力县市（区），并先后获得中国特色魅力城市 200 强、最具投资潜力中小城市 50 强和东北十强县（市）等荣誉称号。截止到 2021 年，全区有中小学和幼儿园 132 所、学生 51 524 人、在职教职工 4969 人。

自 2012 年阿城区被教育部授予"全国教育信息化示范区"以来，教育信息化工作得到了显著的发展，先后出台了《阿城区中小学教育信息化建设指导意见（试行）》《阿城区教育局关于实施信息技术与学科深度融合的指导意见（试行）》《阿城区网络教研实施方案（试行）》《阿城区网络教研管理与评价办法》《学科专题学习网站建设实施方案（试行）》《阿城区网络学习空间"人人通"建设工作方案（试行）》《阿城区中小学课程视频资源建设及应用办法（试行）》《阿城区教育信息化三年行动计划》《阿城区教育城域网管理办法》《城乡互动课堂实施意见》等制度、方案、办法，以保障教育信息化工作高效、有序开展。

与此同时，阿城区以教育城域网建设为核心，整体推进中小学网络基础设施建设，建立覆盖全市的教育业务网络体系，提高了信息化设施的利用率和使用效益。建成了主干线 1G 的城域网络，学校带宽提升到 1G 共享，其中乡镇学校及教学点达到 100M，机房设备二次更新完成，网络覆盖率达到 100%，为教育的优质均衡发展铺设了一条高速公路。除了网络硬件建设以外，阿城区也引进了多款软件来支持本地信息化与教育教学融合。

随着区域研修工作的深入开展，阿城区在区域研修工作中出现了"四难"：①研修活动组织难，阿城区有 3/5 的学校在农村，乡镇学校距离城区最远的有 64 千米，边远教师参加教研活动往返需要一整天；②师资均衡难，偏远乡镇缺少音体美、政史地生等专业教师，或是一个学科只有一名教师，无法开展校本研修；③研修数据收集难，研修活动的资源汇聚与优化、任务协同与研究的相关数据采集以人工为主，工作繁杂，不易常态化实施；④优质评价诊断难，传统教学评价以定性为主，在教师改进和提升过程中难以精准找到"病灶"，教师个体研修、自主研修以及反思改进缺少依据。

教育信息化建设为解决区域研修工作的难题提供了新思路。近年来，阿城区不断加大教师教育信息化培训力度，对教师教育信息化能力进行专项培训和年度考核，列入教师继续教育项目。培训和考核的合格证书将作为教师评优、晋级、评定骨干的必备条件，依托教育部—中国移动科研基金 2017 年度项目"信息技术支持下的区域教研模式研究及试点"，阿城区以《教育信息化 2.0 行动计划》为指导，向全国教育信息化应用先进单位看齐，加快推进全区智慧教育、智慧研修、智慧课堂、大数据教育的建设步伐，整合全区行政、电教、教研、师训部门，利用各种信息技术手段组织本区教师开展跨学区、跨学校研修，推进区域研修项目全面开展，提升教师专业水平。

第二节　PASA 模式应用概览

依托教育部—中国移动科研基金 2017 年度项目"信息技术支持下的区域教研模式研究及试点"，阿城区应用 PASA 模式，组织了一系列区域研修活动，具体应用如表 4.1 所示。

表 4.1　阿城区基于城乡结对的互动课堂区域研修 PASA 模式应用

模型要素	应用概览
发展目标	阿城区力图通过信息技术支持下的区域研修研究与实践，打造一支可发展的信息化应用队伍，构建学科区域研修专项资源库，探索"经验+数据"下的教研常模，开展远程教研，形成标准授课模型
研修活动	项目实施期间，针对城乡结对互动课堂，采用线上线下、同步异步相结合的方式，开展了集体教研和辩课活动
组织保障	区域研修组织机构涉及哈尔滨市教育研究院、阿城区教育局、阿城区教师进修学校、中小学校、企业等。通过"多层次协同，立体推进"、"机构整合、行政+业务"双轮驱动、"多方聚力，技术融入"共同保障区域研修活动顺利开展
制度保障	阿城区印发一系列指导意见、实施方案，保障项目推进，建立评估机制、激励机制，对有突出表现的学校和个人予以奖励
技术保障	通过智课系统，采集研修过程中各项数据，服务于区域研修全过程；通过移动教研工具，让教研活动更加高效便捷；通过阿城教育信息网，实现区域内教育信息的共享；通过微信群，促进教师随时沟通交流
质量评估	使用"经验+数据"型评价方式，对研课磨课、教师教学进行过程性评价

第三节　案例组织实施

为解决农村及偏远地区学校专业教师短缺，不能开齐开全课程的问题，阿城区教育局组织城乡学校结对，开展互动课堂教学。截止到 2020 年初，阿城区已有 28 所学校建立了网上自动录播教室。其中，城区优质名校主讲端 4 个，农村互动端 24 个。

互动课堂教学采用同步互动课堂系统，城区名优教师不离本校，农村学生也不需长途跋涉，名师的课堂能够网上远程直播，实时互动，有效实现区域资源共享，并且达到一个平台多种应用，除了实现校与校之间远程互动教学，还能进行课堂直播、录播、存储、精品课件资源共享、跨区域教学合作、学术交流、创新教学模式和听课模式、虚拟远程教室授课、视频会议、培训会议等多种应用。

阿城区胜利小学、实验小学自 2014 年安装了同步互动课堂设备后，分别与松峰山镇李店小学、阿什河乡南城小学、金龙山镇于店小学等村级小学结成对子。2019 年，依托教育部—中国移动科研基金 2017 年度项目"信息技术支持下的区域教研模式研究及试点"，升级扩建胜利小学、回民小学、和平小学、第三中学、蜚克图中心小学、蜚克图中学、新华一中城乡互动线上教学平台。其间，多个学科分别开展了多次教学活动，有效解决了农村学校开全课程问题。目前胜利小学的美术课和实验小学的音乐课已形成常态化的互动课堂，具有一定的推广价值。

互动课堂的顺利开展离不开教研员、教师的潜心研修。对于互动课堂这种新事物，参与学校所处的城乡区域不同、学校学生的学情不同，参研教师对教学设计的认识及教学目标的达成存在分歧，许多问题亟待解决，阿城区以教研员为核心，利用智课平台实现了网上研修城乡一体化，弥补了常规环境下教研模式的不足。

一、机构人员建设

区域研修工作的顺利开展离不开人，阿城区以"领导懂、骨干精、全员会"为基本理念，全力打造适应教育信息化发展的管理人员、技术人员和学科教师队伍。在此过程中，通过"多层次协同，立体推进"、"机构整合、行政+业务"双轮驱动、"多方聚力，技术融入"，开始了教研方式的转型升级与实践探索之旅。

（一）多层次协同，立体推进

阿城区在黑龙江省电化教育馆的指导下，在市教育研究院、区教育局、区教师进修学校的统筹规划下，通过学校、工作坊合力推进区域研修工作顺利开展。

（二）"机构整合、行政+业务"双轮驱动

阿城区进行机构整合，将区教育局信息技术科、信息中心、教师进修学校电教信息部合署办公，并多方争取资金，建成占地面积 500 平方米、功能齐备的教育信息中心。教育信息中心成为全区教育信息化工作的指挥部、资源中心，具有行政管理、技术支持和业务指导等功能。"行政+业务"双轮驱动，为区域研修工作的开展保驾护航。

（三）多方聚力，技术融入

在区域研修的过程中，除了教育行政部门、相关业务部门、学校等参与以外，阿城区积极与有教育情怀的公司机构合作，免费引进了多维成长研修平台、移动教研和智课系统，同时借助市场上的共享软件，使用最适切的技术服务区域研修。

二、技术应用支持

在基于城乡结对互动课堂的区域研修中，阿城区充分发挥教育信息化优势，通过智课系统、移动教研、阿城教育信息网、微信群等开展各项研修活动，实现研修组织的灵活性开展、研修过程的数据化体现、研修评价的精准化测量、研修对象的个性化发展，最终实现区域教育全面均衡发展。

（一）智课系统

智课系统通过建立教学行为模型对教师、学生的 100 余种教学行为进行自主分析，生成教师和学生的多维成长档案，为区域研修的管理者、教研员、教师等提供服务。智课系统以课堂为核心，聚焦人工智能、大数据、云计算、物联网、音视频等技术与教育教学的深度融合，通过人工智能对课堂数据深度挖掘，实现教育基础数据的常态化、伴随式采集和即时化分析，所形成的师生行为数据、教学内容数据、环境数据等，经过智能分析后服务于现场教学、教研和学生个性化学习，满足教师、学生、家长、管理者以及社会公众等多角色立体化的教育需求。

（二）移动教研

移动教研是教研思维管理模式的变革。利用平板电脑、手机的通用性和便携性的特点，进行教研活动与移动设备的整合和延伸，开启了线上教研的 O2O 模式。通过移动定位、移动社群服务和移动自身的音视频特性与教研业务相融合，让教研活动能更加高效和便捷地开展，通过对教研资源和数据的共享、挖掘，形成线下和线上相结合的新型教研模式。

移动教研不仅支持教师校内听课、集体备课、辅助年轻教师业务能力提升，而且支持区本教研，比如区域内不同学校教师线下听课、区域教研培训、教案抽查等。除此之外，还支持区域社群学习，群内的教师可以随时发起教研活动或参与某一话题讨论。通过移动教研，不同学校的教师实现社群化、碎片化学习交流，基于伴随式的数据采集、智能数据分析，实现区域研修活动的组织、管理、评价等。

（三）阿城教育信息网

在阿城区教育局的统筹安排下，阿城教育信息网完成了第三次改版，将互联网、人工智能、大数据、移动 App 等新技术和传统教研相结合，创新性地推进线上+线下、经验+数据的研修方式变革，形成了专注教育应用的综合性云平台。云平台与各个学校的录播主机直接对接与管理，把优质教学资源推送到区域内项目学校及远程合作区（县），实现区域教育均衡化发展，有效破解了传统教研模式活动组织难、价值追求协同难、研修数据采集难的"三大难题"。

（四）微信群

微信群是即时性很强的在线通信工具。把一个区域的教师组织到一起利用微信群进行教研是区域研修的一种方式，这种研修即时性比较强，教师在教学中遇到问题，随时发到微信群中，在线的教师就可以及时给予解答。如果无人在线，也可以通过留言的方式，待其他教师上线后回答。如果群中人多，随时都会有人在线作出回复，任何人任何时段提出问题都可以及时得到解答。

借助阿城教育信息网平台，不同学科、学段的教师创建了不同微信群进行交流，利用微信快捷、自由的功能，增进教研员与教师、教师与教师之间的沟通，弥补时间和空间上的不足，为知识重点、难点的答疑解惑提供了便利条件。如今，微信群已经成为教师线下研修的延长线，大家畅所欲言，促进了区域教师的情感交流，增进了理解与信任。

基于城乡结对互动课堂的区域研修在以上技术应用的支持下，根据各校实际情况开展各项区域研修活动，通过优秀教师直播说课、专家线上指导、1 校带 N 点、1 校带 N 校的互助研修，将优质教学地区的教学课堂传递到教育资源相对薄弱的地区，构建异校直播互动与智课数据分析体系，缩小区域内教育差距。

三、基于城乡结对的互动课堂区域研修方式

（一）研修准备

在开展研修之前，技术人员先对研修双方的软硬件及网络情况进行调研，了解双方直播设备的兼容性、技术能力等，对出现的软硬件差异问题使用电话沟通、远程协助、视频会议、设备派送、工程师进驻等方式进行解决，最终统一技术标准，打通直播渠道，为两地资源共享铺平道路。

（二）集体教研

主讲端与互动端的相关学科教师组建微信群教研联合体，由学科教研员统一组织网上同备、同上、同评一节课，开展集体教研（图4.1）。在集体教研过程中，教研员指导主讲教师对课堂的具体环节、内容进行研磨，教研联合体的其他教师通过移动教研App参与教研活动，通过集体教研对授课内容、提出的问题、评价方式、生生合作等内容进行打磨，帮助授课教师准确定位章节重点，优化授课环节等，通过教师一人上课，促进教研组教师共同成长。授课内容打磨成型后，教研员通过部门协调与信息部技术人员配合，听取教研组教师对授课流程、教学设计、课堂氛围、师生互动、生生互动等观察点给予的评价反馈，结合评课标准形成修改意见，在分析智课系统生成的数据的基础上，结合教研联合体的经验，完成二备、二研和三备、三研。授课教师提前一周将完善后的教学设计发到阿城教育信息网的"互动课表"专栏内，各互动端的助教老师根据教学设计做好课前准备工作。课后将生成的课堂实录上传到阿城教育信息网的活动专区，教研员带主讲端和互动端的教师利用微信群，根据智课系统和移动教研App进行课后评课活动。通过集体教研，为探索常模构建积累数据，形成最终授课标准模型。

图 4.1　集体教研模型

（三）基于"数据+经验"的辩课

所谓"辩课"，就是教师在备课、上课的基础上，就某一主题或教学的重点、难点和疑点提出问题，展开辩论，以加深对教学重点、难点或疑点问题的理解，真正促进上课教师与听课教师的共同提高①。

以"阿城区基于直播课堂支持下的同侪研修课后说课辩课"为例。案例主要借助智课系统和移动教研 App，通过同课异构、同课同构的形式，打造一节同步课堂教学。在教师授课后，主讲教师进行说课。说课后，教研联合体分为正反双方，依据智课系统自动生成的课堂观察数据（RT-CH 图、课堂表现曲线图、课堂观察记录图、参与度散点图等），基于教研共同体的经验，围绕"同步课堂下的教学活动设计和组织成效是否显著"这一论题进行辩课。辩课双方主要从教学内容的选择和处理、小组合作学习、拓展延伸三个方面展开辩论。在这一过程中，教研员分节进行小结提升，使老师们深入认识怎样设计和组织同步课堂的教学活动才会更加有效。

通过辩课，提高了教研共同体的思辨能力，大家从不同维度对同步课堂教学的本质有了更清晰的认识，同时，提升了教研共同体的数据解读能力。在数据的使用中，必须充分认识到，这些数据多指向师生的外显行为，对于师生的思维、情感等内隐性的东西还无法观察和分析。要正确地利用数据，必须结合教研共同体已有的经验判断，要让数据为研修服务，而不被数据所束缚。

第四节　案例特色与创新

通过基于城乡结对的互动课堂区域研修，阿城区打造了一支业务精湛、结构合理的管理队伍、专业队伍和师资队伍，为教育信息化提供人才支持，探索出"经验+数据"的教研常模，形成了互动课堂的标准授课模型。信息技术的融入体现出以下几个转变。

（1）教学评价方式发生了转变。通过信息技术的融入，教学评价由以往"经验"型转向"经验+数据"型评价，实现了精准教研，助推常态教学的可视化。

（2）研课磨课的方式发生了转变。通过信息技术的融入，研课磨课方式由课

---

① 储美琴，周平健. 辩课：从"被动参与"到"深度卷入"——基于"辩课"教研活动为载体的校本研修方式的实践与思考[J]. 中小学教师培训，2015，343（2）：22-25.

前研磨变成了"课前+课后"的双向研磨，利用信息技术实现对课堂的可视化评价，根据评价结果进行课后研课磨课，通过多次"课前+课后"双向研磨打造一堂好课。

（3）管理方式发生了改变。通过信息技术的融入，教研的过程都记录在研修平台上，实现了过程管理、资源管理、绩效分析，使教研工作规范、系统、可测。

通过基于城乡结对的互动课堂区域研修，阿城区内的城乡教师平等地获取信息资源，平等地进行对话交流，教师理论素养和专业水平不断提升，对教材的把握能力逐步增强，为区域教育均衡发展注入新的驱动力。

第五章

基于研训一体的区域研修模式探索

实施地区：山东省济南市天桥区
组织单位：山东省济南市天桥区教育教学研究中心
负 责 人：马海燕
主要成员：鄢青霞、阚世平、李起争、刘新、张玉柱

第一节 案 例 背 景

天桥区位于济南市区北部，跨黄河两岸。区境四周与济南市历下区、历城区、市中区、槐荫区、济阳区及德州市齐河县相邻。全区注册公办、公办性质幼儿园 77 处，普惠性民办幼儿园 78 处，民办幼儿园 18 处，在园幼儿总数 31 045 人，专任教师 2289 人。区属小学 45 所、初中 8 所、九年一贯制学校 5 所、特殊教育学校 1 所、民办学校 1 所，义务教育阶段在校生 58 738 人，教职工 3608 人。区内有中小学教研员 23 人（其中中学专职 13 人、兼职 2 人，小学专职 6 人、兼职 2 人，音体美和心理健康学科由中小学一个教研员担任）。

近年来，天桥区率先在济南市建成区域教育城域网，建成包含教育资源公共服务平台和教育管理公共服务平台的智慧教育云平台。全区所有学校统一建设数字化校园，与云平台之间实现了数据共享、信息联通。教育系统无线城域网全面建成，中小学均配有录播教室及互动直录播系统。全区所有教师配备移动终端设备，高起点实现了"两个平台、一个中心、局校互通、双网互联"的信息化体系构建（图 5.1）。

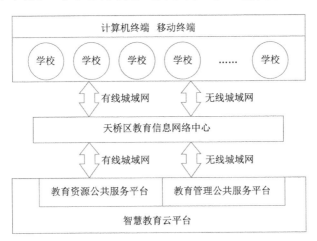

图 5.1 山东省济南市天桥区教育信息化体系构建

当今教育发展，迫切需要教师具有与之相适应的专业发展能力。未来教育与信息化密不可分，教师必须具有跟上时代步伐的技能水平。然而，在开展区域教师研修的过程中遇到一些困难，具体表现在：①全员培训推进难，效果逐渐弱化；

②信息化应用资源乱，落位课堂难；③培训内容繁杂，不能聚焦教师需求。天桥区人口多，教育水平差异大，黄河以北地区教育资源特别是人力资源相对薄弱，需要先进地区的教育教学经验，以最短的时间、最低的费用达到最大的效能。随着教育信息化基础建设的不断推进，通过信息技术支持下的研修模式研究提升教师的专业素养和能力水平，无疑是新时代促进教师专业成长的有效途径。

第二节　PASA 模式应用概览

依托教育部—中国移动科研基金 2017 年度项目"信息技术支持下的区域教研模式研究及试点"，应用 PASA 模式，天桥区探索了基于研训一体的区域研修模式，具体应用如表 5.1 所示。

表 5.1　天桥区基于研训一体的区域研修 PASA 模式应用

模型要素	应用概览
发展目标	通过基于研训一体的区域研修模式的研究与实践，天桥区积累区本化的网络研修课程资源，建设区本化的网络研修课程体系，建立区本化的网络研修模式，全面提升教师专业能力和综合素养，形成教师教育智慧，提高教师育人水平和育人质量
研修活动	天桥区采用"范式引领+校推双评"和"双跟岗参与式"区域研修模式，通过天桥区智慧教育云平台开展"培训—实践""跟岗—实践"的线上线下相结合的各项活动
组织保障	天桥区的区域研修涉及区教育教学研究中心继续教育科、教研科和学校，多主体共同参与，各负其责，分工合作，有效助推区域研修顺利开展
制度保障	采取集体研究与分工研究相结合的制度，出台区域全员培训方案，狠抓时间落实、活动落实、指导落实、评价落实
技术保障	在区域软硬件基础上，天桥区智慧教育云平台专门设计开发了网络研训平台，满足区域研修活动组织管理的各项功能要求
质量评估	过程性评价和总结性评价相结合，多方位评价区域研修成果

第三节　案例组织实施

教师研训是教师研修的重要形式，天桥区通过组织教师外出参观学习、线下集中培训、网络课程培训等多种方式，构建"三主体"培养体系，形成了面向全体教师的"范式引领+校推双评"的区域研修模式、面向骨干教师的"双跟岗参与式"区域研修模式。

一、"三主体"培养体系

在区域研修工作的统一部署下，天桥区形成了"三主体"培养体系（图5.2），即区教育教学研究中心继续教育科、教研科和学校在研训过程中形成三个主体，各负其责，分工合作，合理有效地助推区域研修。

在"三主体"培养机制实施过程中，教研科主抓教学研究，继续教育科主抓教师培训，学校配合教研科和继续教育科组织教师开展研训，教研和培训有机整合，相辅相成，不断整合优质的教学研究和师资培训资源。在教研科的带领下，学校教师学会在教研中发现问题，针对学校教师们的教研问题，教研科每年梳理教师的相关需求，由继续教育科通过培训解决问题，分工合作，职能结合，优势互补，逐步实现研训一体化。研训一体，达到用最少投入取得最大研修效益的效果，最大限度地提升教师教学技能和专业发展水平。

在"三主体"培养机制的带动下，通过研训一体化建设，搭建了教师发展共同体平台，引发了教师专业二次成长，从全员、项目两个层面卓有成效地涵养师资，促进了教师队伍科学发展。

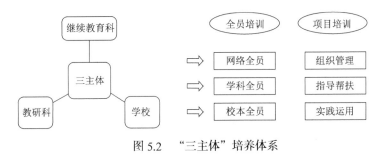

图 5.2 "三主体"培养体系

二、经费保障

为了能更好地拓宽眼界，天桥区教育和体育局在软硬件方面大力支持，不断补充区域智慧教育云平台资源，购置网络图书、学科教学资源等，组织教师培训，保障区域研修工作不出现任何场地、资金等问题。

三、技术保障

在天桥区教育信息化体系的支持下，基于教师研训的区域研修工作有序开展，天桥区智慧教育云平台起着关键作用。天桥区智慧教育云平台兼有区教育资源公共服务平台、区教育管理公共服务平台、全区集中式数字校园平台。平台规划了5大类22个子项，覆盖了教、学、管、测、评等智慧教育构成要件，联通了局校两级教学、管理业务。在天桥区智慧教育云平台中，网络研训平台是专门为教师研修打造的学习、交流平台，让教师在互动、协作、交流中获取更好地研究问题和培训学习的策略，打破常规教研活动存在的教研空间受限、教研过程难以记录、教研成果难以积累等瓶颈。同时，平台整合了大量的优秀教学案例、专家讲座、网络课程等培训资源，教师可以进行网上选课、网上学习、网上作业、疑难问题交流等。天桥区智慧教育云平台极大地推动了中小学教师专业发展，为区域建设高素质教师队伍、全面提高教育教学质量奠定了基础。

四、基于教师研训的"范式引领+校推双评"区域研修模式

基于教师研训的"范式引领+校推双评"区域研修模式是面向全体教师开展的区本化教师研修模式，它以培训为基础，经过区域范式引领、全员二次培训、学校推进应用、区校两级认定的推进路径，提高教师专业素养、信息素养及其他相关素养。

在天桥区教育教学研究中心的统筹规划下，为了加强区域教师培训的针对性、实用性，继续教育科广泛开展了针对教师培训的调研活动，汇总整理了区域教师的培训需求。最终，根据区域年度工作重点和教师参训需求确定科学、合理的年度研修主题：2018年推进教师个人空间建设，则以"空间建设与应用"为主题；2019年着力传统文化学习传播，则以"提素养、做专业、促空间"为主题；2020年加强重点资源建设，则以"用网络、读好书、建资源"为主题。

在开展"范式引领+校推双评"区域研修之前，区域首先组织开发研修课程，线上线下"网"播智慧。通过骨干教师谈空间的专题培训课程研究，组织中小学幼儿园骨干教师研究团队，设计贴近教育教学实际的内容，由骨干教师当主播，自主开发录制研修课程资源。同时，以信息技术为载体，在天桥区智慧教育云平台上建立学科专业课程、通识理论课程、综合素养课程和专项研修课程四类课程。面向教师的学科专业课程以教学专题研究、课例研究、教学与学习评价研究为主要内容；通识理论课程以教学基本技能、教学理念更新、学科基本思想方法等为主要内容；综合素养课程以师德与法规、教育心理学、教育问题研究、教学思想

方法、传统文化教育、信息技术与教学融合课程研究等为主要内容；专项研修课程以新教师研修、名师骨干研修为主要内容。

在线上研修课程建设的基础上，通过基于教师培训的"范式引领+校推双评"区域研修模式，全面提升了区域教师的科研能力和教学水平，并在推进过程中，将区域"优秀传统文化"、"一师一优课"和"智慧教育云平台空间建设"相结合，有利于教师掌握现代技术手段，更新教育教学理念，促进区域优质资源建设，提高教师整体素养和实践能力。

（一）区域范式引领

在"范式引领+校推双评"区域研修模式中，区域整体规划全体教师发展路径，注重梯级发展，着力开发研修课程，建立起全员主题研修课程，实现骨干种子教师培训精准施策。

在区域范式引领环节，区域制订研修方案，录制研修课程，选拔区域培训师，组织区域培训师先训，进行范式引领。区域范式引领采取线上线下相结合的方式，在开展"范式引领"之前，电教科制订天桥区智慧教育云平台应用培训方案，录制网络研修平台使用的微视频，以方便全区教师在云平台"帮助指南"中学习使用方法。各学校根据培训视频，选择需要的培训方式和培训师入校培训的内容，以便目的明确、有的放矢。运维人员专门负责城域网及天桥区智慧教育云平台的运行，为教师网络研修的开展提供保障。借助虚拟化演播室，录制教师网络研修课程资源，为教师区域研修做好课程储备。

为有效推进区级全员研修，区域每年度选拔区级培训师，原则上每校 1 名培训师，特殊需要可拓展到 2 名培训师。针对培训师确立了"范例研究—活动推进—形成模式—区域延伸—提供蓝本"五步走范式引领（图 5.3），让每个培训师成为优秀的培训者。

图 5.3　区域范式引领五步走

范式引领五步走主要面向区级培训师开展针对全员二次培训的模拟训练，为培训师提供范式研究。具体为：观看研修范例，明确基本要求，指导活动推进，解读研修环节，形成研修模式，指导课程延展，提供经验蓝本。例如：区级培训师入校培训时应在何时以何种方式召开研修动员、设置全员二次培训节点和任务，研修方案如何解读，怎样结合区域实际探索形成校本特色，并有针对性地落实区域培训模式等。

（二）全员二次培训

全员二次培训，让课程走近每位教师。区级培训师通过范式引领学习后，在学校既有模仿又有创造地全员培训。每个学校的区级培训师和学校领导一起设计二次培训方案、找准学校特色结合点、有效落实培训课程，各学校结合自身实际，开展丰富多彩的研修活动，区教育教学研究中心继续教育科和电教科联合将区域制作的研修课程上传至区域智慧教育云平台，供全体教师使用。培训师组织本校教师进行学习，全体教师明晰了区域全员研修的重点和主题，全员二次培训为研修的广泛开展打下坚实的基础。

（三）学校推进实践

全员二次培训完成后，由学校积极推动本校教师研修工作，让每位教师做好应用实践。在暑假期间，教师梳理自己的教育资源，制订学习计划，明确学习目标任务，通过天桥区智慧教育云平台个性化实施自己的研修，将所学与自己的教学实践有机结合。教师是学习的主体，教师的学习效果体现研修的效果，学校在推进实践中有效指导教师做好计划，积极跟进落实学习的效果，给每位教师提供最近发展区。教师个人根据区域要求制订个人学习计划表，通过"学、研、用、评"的方式（图 5.4），对照研修方案，主动积极思考自己的发展。开学后，学校组织教师在实践中应用所学的课程，将所学所思与自己的教学实践有机结合，让培训学习转化为实践能力。

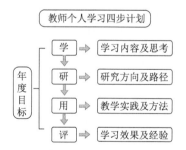

图 5.4　山东省济南市天桥区教师个人学习计划设计

（四）区校两级认定

每年 11 月，由区教育教学研究中心组织对学校教师个人研修进行考核，考核分为校级考核和区域考核。首先，学校根据区域要求和自身实际，结合教师研修学习实际和效果进行认定，组织教师自查、学校复查，确定优秀、合格、不合格三个等级，上报区域复审并最后确定，为全部合格和优秀教师录入学分。

在信息技术的参与下，"范式引领+校推双评"的区域研修解决了区域全员研修推进难、效果逐渐弱化的问题。骨干先训校校有个明白人，二次培训人人学会课程，整个培训过程收放有度，范例引领到位，二次培训彻底，促进教师在此基础上各展所长，通过个人空间建设实现自己的教育思考。在此模式下，将全员研修和校本研修有机整合，分校培训，分步实施，分级把关，有效发挥区级培训师在学校的跟进作用。在信息技术支持下，建立起符合区域实际的基于信息技术的研修模式蓝图，区域网络研修模式探索和管理机制逐步形成。

五、基于教师研训的"双跟岗参与式"区域研修模式

基于教师研训的"双跟岗参与式"区域研修模式是面向骨干教师开展的区本化教师研修模式，"双跟岗"即"种子教师基地跟岗+专家跟岗种子教师"，"参与式"即突破以往灌输式培训方法，充分发挥教师的主动性，在跟岗培训中生成教师的个体智慧。在区教育教学研究中心的统筹规划下，2018—2019年，区域启动基于教师培训的"双跟岗参与式"区域研修。此次研修以"智慧教育"为主题，选取区内各校共计100名智慧教育种子教师，组建培训班，形成了"班级管理制"。通过观摩研讨、线上学习、线下实践等方式促进教师科学熟练地应用学科工具，有效变革和创新教育教学，并进行信息技术支撑下的智慧课堂构建，覆盖了小学语文、小学数学、初中数学、初中化学、初中物理学科。基于教师培训的"双跟岗参与式"区域研修模式如图5.5所示。

图5.5 "双跟岗参与式"区域研修模式

（一）建立班级管理机制

由于人员多又是多学科，以"智慧教育"为主题的种子教师培训实施难度相对较大。为此，区教育教学研究中心统筹研究，采用班级管理制的培训模式。100名种子教师组成一个班级，分成7个小组，推选出一个班长，每个小组推选一名组长，班长总负责班级事务，根据继续教育科总体安排将任务落实到各小组组长，组长负责落实组织管理，个人做任务，宣传出经验，同时教研员分学科全程跟进指导和实施。在班级管理制中，通过组织管理和任务驱动，让参与研修者由被动

的知识灌输变为主动的生成输出智慧，人人动起来，智慧转起来，效益最大化。班级管理制在"种子教师基地跟岗"和"专家跟岗种子教师"两个阶段均起到积极的带动作用，充分挖掘出个人潜能和组织管理能力，调动起教师的积极主动性，把培训变成自己的事情。具体如图 5.6 所示。

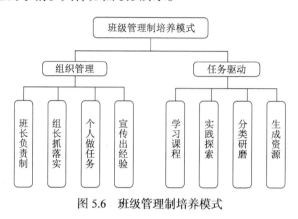

图 5.6　班级管理制培养模式

（二）种子教师基地跟岗

2018 年 9 月 26—29 日，天桥区教育和体育局组织此次研修的 100 名种子教师赴东北师范大学长春智慧教育基地校入校听课交流。通过观摩课，观摩智慧教育基地校课堂教学实践；通过应用培训课，学习智慧教育理念下的智慧课堂设计、构建途径及实践经验；借助线上案例学习，交流研讨课，掌握信息技术与学科教学深度融合的思路与方法。种子教师按照班级小组，各自完成研修任务。

（三）专家跟岗种子教师

专家跟岗种子教师的培训主要通过线上指导和现场指导两种方式开展。在此次以"智慧教育"为主题的"双跟岗参与式"区域研修中，每个小组有一位学科专家跟岗，共开展了四轮专家跟岗培训。四轮专家跟岗中，前三轮专家跟岗是在小组内开展，第四轮专家跟岗是全班统一开展。以小组一第一轮专家跟岗为例，专家部署课例任务，明确课例教学设计的要求，组内种子教师根据自己的情况，在区教研员的帮助下，选择课例进行教学设计，完成后将自己的课例传至天桥区智慧教育云平台；专家通过天桥区智慧教育云平台远程指导，查看教师上传的课例，提出指导意见，帮助教师修改完善课例教学设计，教师根据专家意见对课例进行修改，专家从种子教师修改完善的教学设计中选取 3—4 节，由执笔教师进行现场授课，专家到校指导。小组一第一轮专家跟岗方式如图 5.7 所示。

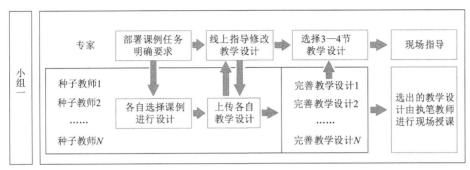

图 5.7　小组一第一轮专家跟岗方式

第二轮、第三轮专家跟岗方式与第一轮类似，第四轮跟岗是在前三轮的基础上，种子教师在专家的帮助下进一步打磨自己的教学设计，在全班展示交流，共享经验，实现了中学和小学一体，跨段交流。

通过开展以"智慧教育"为主题的"双跟岗参与式"区域研修，种子教师观摩研讨、总结反思、应用实践，专家线上线下指导，促进了种子教师对智慧课堂设计与构建的实践及学科工具的深化应用，深化了种子教师对"智慧教育"的认识与理解，区域内形成了以中小学重点基地校为重点、各学校种子教师无盲点的教师信息技术与课堂融合的主力军。

第四节　案例特色与创新

山东省济南市天桥区以教师研训为基础，探索形成了"范式引领+校推双评"全员教师研训模式和"双跟岗参与式"骨干教师研训模式。

在组织管理方面，区域充分发挥"三主体"的作用，以教师培养为核心，多部门联动，管理者、教研员、专家、教师协作，让研修有效落地。专家贴心指导跟进和贴近地面行走的课程，给教师专业发展更大的启发。

在培训操作方面，秉承"从实践中学习"的理念，把实践放在首位，实现最大化学以致用。通过"观摩研讨、总结反思、应用实践"深化培训理解，形成区域教师成长共同体，体现出鲜明的"破壁"功能。它打破了学校之间的文化界限，分享区域优质教育资源，交流区域优秀管理理念与经验。

在培训理念方面，不是以削弱城镇学校的优质资源来"均衡"薄弱的农村学校，而是希冀从"知识的人本化和学习的人本化"出发，引导教育圈中的每一个个体发展个性，展示自我，实现自我，从而改造我们的教育生活。通过基于教师培训的区域研修，形成区域内教育均衡、协调、优质发展的基本范式和普遍规律，以此为辐射，达到更大范围教育结构的优化和教育质量的提升。

第六章

基于常态化录播智课系统的区域网络研修

实施地区：甘肃省兰州市安宁区
组织单位：甘肃省兰州市安宁区教育局信息中心
负责人：邹斌
主要成员：雄建民、邓宇蓓

第一节 案例背景

安宁区地处兰州市近郊，依山傍水，文脉昌盛，是甘肃省最早规划布局的科教文化区，是兰州市第一个全面取消乡镇建制的城区。安宁区区属中小学校 20 所（其中，小学 17 所、初中 2 所、九年一贯制学校 1 所），中小学在校学生 18 485 人（其中，小学生 16 312 人、初中生 2173 人），中小学公办教师 2246 人（其中，小学教师 1160 人、初中教师 729 人、高中教师 357 人；13.1% 为研究生学历，78.3% 为本科学历）。安宁区有专职教研员 7 人，兼职教研员 66 人，共设 9 个学科中心教研组，涵盖语文、数学、英语、体育、美术、音乐、心理健康、思想政治、班主任工作管理等。

安宁区教育局为区属中小学配备配齐各类信息化设备，接入了千兆和双百兆专线网络，实现了学校无线网全覆盖。目前，安宁区"班班通"配备比 100%，中小学师机比达到 1∶1，中学生机比达到 6∶1，小学生机比达到 10∶1。安宁区教育局与科大讯飞股份有限公司（简称科大讯飞）联合研发了安宁区智慧教育云平台，通过与国家、省、市资源平台无缝对接，系统数据互通互联，实现了平台一站式登录。安宁区智慧教育云平台包括安宁区区域网络教研系统、安宁区网络备授课一体化系统、智慧课堂系统、微课管理平台、教务教学管理服务系统、数字资产管理服务系统、教师考核与评价自动化系统、报名考试系统、教师培训及考试系统等 92 种具有本区特色的教育信息化应用。

2018 年 7 月以前，安宁区研修模式主要是以学校为单位开展传统线下教研。对于规模较大的学校，这种教研模式确实提升了部分主课教师的教学能力，成就了一批专家型教师，但由于年级不同，学段不同，各个教师的关注点不同，教研活动组织起来比较困难。对于规模较小的学校和小三门学科教师，由于人数较少，根本无法开展教研，教师的发展纯粹依靠个人能力和钻研爱好。长此以往，教师专业发展出现学科、区域不均衡现象。

2019 年，安宁区被遴选为教育部—中国移动科研基金 2017 年度项目"信息技术支持下的区域教研模式研究及试点"试点地区。依托该项目，安宁区开展了基于常态化录播智课系统的区域网络研修模式试点工作，旨在利用各种信息技术手段提高安宁区教师的教学设计能力和教育教学研究能力，促进区域优质教师教育资源共享，完善区域研修的机制和方法，实现研修理念和模式创新，推动教育信息化融合创新发展。

第二节　PASA 模式应用概览

安宁区基于常态化录播智课系统的区域网络研修活动 PASA 模式应用如表 6.1 所示。安宁区通过组建研修组织团队、质量监测团队、专家支持团队和研修平台保障团队，利用本地智慧教育云平台和北京中庆现代技术股份有限公司（简称中庆）智课系统，结合日常教学计划，开展了一系列基于常态课堂的研修活动，不仅提升了研修质量，还缓解了工学矛盾。

表 6.1　安宁区基于常态化录播智课系统的区域网络研修 PASA 模式应用

模型要素	应用概览
发展目标	①创建区域网络研修共同体，打破时间和空间限制，实现主学科同年级教师和小学科同学科教师全区域集体教研，解决"大学科难教研、小学科教研难"问题；②实现常态课堂的全数据化，利用智能录播技术为每位教师的每节常态课形成师生行为数据、教学内容数据和课堂环境数据，通过对常态课堂数据进行评价分析，有针对性地提高教师的教学能力；③各部门协同将常态课堂数据纳入教师考核体系，建立基于常态课堂数据的教师评价机制
研修活动	2019 年，安宁区依托本地名师工作室，在小学语文、小学英语和小学数学 3 个学科选择 4 位名师组建 4 个学科研修小组，开展基于常态化录播智课系统的区域网络研修活动。每学期，各研修小组围绕一定研修主题，结合常态教学任务，确定研修课例，然后由每位教师利用常态教室的录播智课系统，将各自常态教学课堂录制下来，在本地智慧教育云平台上参与区域网络课例研修活动
组织保障	为保障活动顺利开展，安宁区组建了研修组织团队、质量监测团队、专家支持团队。其中，研修组织团队以安宁区教育局信息中心人员为主，负责活动组织及资料收集整理；质量监测团队以安宁区教研室教研员为主，负责活动质量评价和监测；专家支持团队来自西北师范大学互联网教育数据学习分析技术国家地方联合工程实验室
制度保障	安宁区为试点项目制订了工作方案，确保基于常态课堂的区域网络研修模式顺利实施
技术保障	安宁区智慧教育云平台的网络备授课一体化系统和区域网络研修系统及中庆智课系统相辅相成，为教师开展常态化区域网络研修提供了重要技术支撑。活动过程中，科大讯飞、甘肃教师研修网和中庆等相关单位技术人员负责保障各类研修平台的稳定性
质量评估	采用专家评价和小组同伴互评的方式对研修质量进行评价，并选出金杯、银杯课例，促进区域资源建设

第三节　案例组织实施

安宁区基于常态化录播智课系统的区域网络研修，利用智能录播技术和智慧教育云平台，依托名师工作室，以名师引领全区域教师，在不额外增加教师负担的情况下，通过分析常态课堂智能数据来提升教师教学能力，实现研修的区域化、专业化和常态化。

一、研修工具

安宁区智慧教育云平台和中庆智课系统是开展基于常态化录播智课系统的区域网络研修的核心应用。2018 年 6 月，安宁区教育局部署完成了智慧教育云平台，并根据本地特色，与科大讯飞联合研发了网络备授课一体化系统和区域网络研修系统，为教师开展区域网络研修提供了重要技术支撑。网络备授课一体化系统支持教师语音备课，可实现平台资源精准化推送、二次备课相似率自动检测、学校教师备课排名和电子课本特色备授课等功能。区域网络研修系统可以满足网络直播、网络互动、资源上传、网络评价、网络推优等一系列教研需求。

2019 年 4 月，安宁区教育局引入中庆智课系统，在全区 355 间教室部署了人工智能常态录播设备。该设备能实现课堂教学数据的伴随式采集，并利用云计算、人工智能技术对师生行为数据、教学内容数据和课堂环境数据进行即时分析，形成课堂观察报告，为评课议课、开展区域研修提供依据。

二、研修团队

名师工作室是安宁区教研力量的主体。目前，安宁区共有 13 位名师（其中市级 4 名，区级 9 名），涵盖 8 个学科。2019 年，基于常态课堂的区域网络研修在小学语文、小学英语和小学数学学科试点，选择 4 名学科名师，分别组建学科研修小组，开展网络研修。每个研修小组由 10 名左右教师和 2 名技术人员组成。

三、研修活动

2019 年，各名师工作室选择研修主题，结合日常教学计划，组织来自 17 所学校的 44 名教师基于 25 节课例开展了多次研修活动。具体研修课例如表 6.2 所示。

表 6.2 基于常态化录播智课系统的区域网络研修主题及课例

名师	学科	研修主题	研修课例
王春兰	小学语文	小学语文拓展性主题阅读实践	《草船借箭》《听听，秋的声音》《四季》《蟋蟀的住宅》《我要的是葫芦》《青山不老》《只有一个地球》《搭船的鸟》《慈母情深》
李翠琴	小学语文	信息技术支持下的小学语文非连续性文本教学	《带刺的朋友》《少年闰土》《习作：介绍一种事物》《延安，我把你追寻》《语文园地》
秦玮	小学数学	思维可视化在小学低年级数学中的实践研究研讨	《8 的乘法口诀》《排队中的问题》《思维可视化在加减混合中的应用》《思维可视化在解决问题中的应用》《7 的乘法口诀》《11～20 各数的认识》《分段计费的实际问题》《倍的认识》《解决问题思维可视化》《小数的初步认识》
张牧蓉	小学英语	小学英语阅读课教学研讨活动	Unit 6 Work Quietly 中的 Part B Read and Write 同课异构

以王春兰名师工作室 2019 年下学期研修活动为例，介绍基于常态课堂的区域网络研修活动流程。经讨论，王春兰名师工作室 2019 年下学期的研修主题为"小学语文拓展性主题阅读实践"，选择的 9 节课例为《草船借箭》《听听，秋的声音》《四季》《蟋蟀的住宅》《我要的是葫芦》《青山不老》《只有一个地球》《搭船的鸟》《慈母情深》，这些课例均为五年级下册的学习内容。从 2019 年 9 月开始，王春兰名师工作室按照正常教学顺序，依次选择相应课例开展区域网络研修，每次课例研修过程基本一致。以下为《草船借箭》课例的具体实施流程。

（一）主题讨论，独立备课

工作室全员分成两组，围绕《草船借箭》阅读教学的重难点、如何培养学生的思维能力和文化意识以及教学设计注意事项等内容在安宁区智慧教育云平台上开展线上讨论，成员可以用文字和音频的方式发表个人的看法。

线上研讨之后，组内成员进行独立备课，各自设计课例教案。同时，通过同课异构的方式来发散教师思维，引导教师设计不同的授课流程和方式。

（二）分组交流，优化设计

个人独立备课后，两小组成员分别在线上说课，分享自己的设计思路和教学理念。然后，小组成员对组内每位教师的教学设计做出客观评价，提出自己的改进建议。组内讨论结束后，总负责人王春兰对每位教师的发言进行点评和答疑，拓展成员的设计思路。

经过研讨后，各位教师结合大家提出的改进意见，进一步明确授课思路，修改完善教学设计，待王春兰审核通过后，按时上传到安宁区智慧教育云平台进行分享。

（三）准备课件，录制课例

组内成员根据教学设计，准备教学课件，并与小组成员讨论完善后，在各自班级上课，录制课例视频，同时生成人工智能课堂分析报告。

小组成员分别将自己的上课视频提交组长审核，组长主要关注：①教师着装、行为是否合适；②视频时长、大小是否合适，录制效果如何；③教师评价是否符合规范；④教学过程是否与教学设计相符。如果视频达不到以上标准，则要求教师重新录制。

（四）线上观课，互评推优

组内教师认真观看每位老师的课例视频，为本组内所有授课老师打分。然后，两个小组各推出一节优秀课例，所有成员对这两个优秀课例再次打分，最终确定金杯和银杯获得者。

四、研修保障

（一）组织保障

基于常态化录播智课系统的区域网络研修依靠区教研室、人事部门和信息中心协同推动和保障落实。区教研室负责组织名师开展教研活动，对活动进行质量监测和评价。信息中心负责从系统后台收集教研信息数据，并交由人事部门根据教研数据，制定可量化的教师考核指标，对教师进行考评。在活动过程中，科大讯飞、中庆、甘肃教师研修网为活动提供技术保障，西北师范大学互联网教育数据学习分析技术国家地方联合工程实验室为活动提供专家支持。

（二）制度保障

为保障基于常态化录播智课系统的区域网络研修模式的顺利推动，区教育局制定《信息技术支持下的区域教研模式研究及试点项目兰州市安宁区工作方案》，积极组织本区域教师开展跨学校的研修，提高教师的教学设计能力、循环提升教师的主题研修及反思能力、提高教师的教育教学研究能力，解决实际的教育教学问题，实现区域内的优质教师教育资源共享，完善区域研修的机制和方法，促进研修理念和模式的创新，推动教育信息化融合创新发展。

（三）经费保障

基于常态化录播智课系统的区域网络研修经费投入如下：①智慧教育云平台开发经费，1950万元；②智能录播环境设备经费，4000万元；③日常技术运维经费，按项目（包括智慧教育建设项目、智慧教育云平台、智慧教育购买服务）总额的15%预算；④每年例行活动经费，约50万元。

第四节　案例特色与创新

常见的区域网络研修是在线上备课磨课，线下观课评课议课，即使无法让全区所有教师都集中在一个教室进行观评课，通过视频直播互动，也能保证区域教师的广泛参与，实现区域研修的规模化目标。但是，往往主讲教师精心准备一节课，其他教师热热闹闹地观评课之后，参与活动的教师能否将学习收获应用于自己的教学实践则是另外一回事。所以，花了大量人力物力组织的线下观摩课到底为教师带来多大的成长无人可知。

基于常态化录播智课系统的区域网络研修模式重在"常态"。这里的"常态"有两层含义：①网络研修活动与日常教学计划一致，根据教学进度该上什么课，就对该课进行集体网络备课，开展网络观评课，这样，研修成果可以直接用于教师日常教学，有效解决教、研"两张皮"的问题；②每个教室的智能录播设备能将教师的每节课都录制下来，教师只需要选择自己日常教学中的某一节课作为观摩课例即可，观摩课不再额外组织，教师也不用为区域研修活动专门备课上课，这不仅减轻了教师教研负担，还节省了人力物力，改变了传统区域研修活动的组织管理模式。

总的来说，传统观摩课活动需要主讲教师、观评课教师及区域活动组织者投入大量的时间和精力，安宁区利用互联网和智能录播技术创造的基于常态化录播智课系统的区域网络研修模式，不仅减轻了主讲教师的授课压力，节省了人力物力，还让观评课教师做到知行合一，实现了教、研、训一体化，实现了信息技术与区域研修深度融合的创新，形成一种新的区域研修生态。

第七章

基于移动教研的区域研修生态构建

实施地区：天津市河西区
组织单位：天津市河西区教育中心
负 责 人：刘冬梅、曹卫芳、温晓川
主要成员：王哲成、郭志玥、张莉、孟广学、魏涛、英华、王春红、张红

第一节　案例背景

河西区是天津市中心城区之一，位于市区东南部，因地处海河西岸而得名，是天津市党政军机关所在地，是天津的行政中心、商务中心、金融中心、文化中心，也是天津市国际交往和对外开放交流的重要窗口。河西区有中小幼学校 138 所，包括：中学 19 所（含新华中学、实验中学），其中公办中学 17 所、民办中学 2 所；小学 40 所，其中公办小学 35 所、民办小学 5 所；幼儿园 70 所，其中教育部门办园 29 所、机关企事业部队办园 7 所，民办幼儿园 34 所；民办九年一贯制学校 5 所；特殊教育学校 1 所；中等职业学校 1 所；成人教育院校 1 所；国际学校 1 所。全区共有在校中小幼学生 115 221 名，其中，中学学生 34 662 名，中职学生 1056 名，小学学生 61 916 名，幼儿园学生 17 439 名，特殊教育学校学生 148 名。全区共有中小幼教职工 6388 名，其中高中教师 1034 名，初中教师 1334 名，小学教师 2965 名，学前教育教师 1055 名。河西区有小学道德与法治、语文、数学、外语、音乐、美术、体育与健康、科学、信息科技、劳动、综合实践活动等学科专职教研员 15 人；中学思想政治、道德与法治、语文、数学、外语、历史、地理、物理、化学、生物、音乐、美术、体育与健康、通用技术、信息科技、劳动、综合实践活动等学科专职教研员 29 人；中小学兼职教研员 71 人。近年来，天津市河西区教育系统信息化建设工作稳步推进，出台了《河西区关于推进教育信息化建设实施意见》，规划了 11 个方面的重点任务，成立了河西区教育信息化专家组，从制度和任务两个层面为"十三五"期间河西教育信息化发展做出了顶层设计。2015 年，区域成立了教育信息化发展中心，统筹协调全区信息化建设管理等工作，目前已建成一个数据中心，并于 2016 年完成河西教育城域网升级改造项目所有教育单位的接入工作；建立了统一登录认证平台，新建系统全部接入认证平台；开通了联通电信教育网各 1G 对外带宽，区内所有直属单位及中小幼单位全部接入，全力保障学校信息化基础建设；在资源平台建设方面，河西区建成了分布式教育资源平台和特色课程资源平台，两个平台的差异性定位分别覆盖了多媒体资源与课程资源两种基本资源形态，并结合区内情况开展各种活动，以活动带动平台资源的建设。分布式教育资源平台和特色课程资源平台不仅为资源交流搭建了基础，也为教师的交流提供了技术支持和保障。

自 2003 年起，天津市河西区就开始进行区内网络教研的研究和尝试，天津市河西区教育局先后出台《河西区教师队伍提升行动计划（2010—2016 年）》《河西区教育系统人才发展规划（2017—2021 年）》，以及一系列基于网络的教师混合式研修实施方案。经过近二十年的不断尝试应用，网络教研在河西区已经发展成一种学校、教师的日常网络使用行为，极大地提升了教研的效益。但是随着移动技术特别是手机和平板电脑的快速普及，教育教学呈现出对移动技术的巨大需求，仅仅依靠原来的技术手段不能支撑被移动技术冲击的网络教研。基于这一需求，天津市河西区开展了一系列移动教研尝试，以促进教研与信息化的有效融合，构建区域研修生态。

第二节　PASA 模式应用概览

依托教育部—中国移动科研基金 2017 年度项目"信息技术支持下的区域教研模式研究及试点"，天津市河西区应用 PASA 模式，构建了基于移动教研的区域研修生态，组织了一系列区域研修活动，具体应用如表 7.1 所示。

表 7.1　河西区基于移动教研的区域研修 PASA 模式应用

模型要素	应用概览
发展目标	依托河西移动教研平台及河西移动教研 App，利用平板电脑、手机等移动设备，实现研修方式、评价方式、反馈方式的新尝试。借助互联网学习环境为广大一线教师提供内容丰富、理念新颖、技术先进、实用便捷的优质资源；创设教师与教师、教师与专业人员等即时交流、平等探讨的网络学习空间；发挥教师在教研活动中的主体作用，使区域内学校和教师能够平等获取信息资源和对话交流。在全面总结多年研究经验的基础上开展基于教师核心素养提升的精准研修模式研究，促进教师专业化成长，构建区域研修新生态
研修活动	项目实施期间，天津市河西区开展了线上线下基于课例、基于教师工作坊的研修活动，通过移动教研，实现在线实时对话和异步研讨，构建开放、交互、动态的教研氛围，达到教学、教研、科研一体化
组织保障	天津市河西区采用以教研为核心、科研为先导、培训为基础、信息技术为载体的四维联动工作模式，通过区级、学区、校级三级教研机制，以不同的方式引领与驱动区域研修活动的开展
制度保障	天津市河西区确立了信息化工作保障机制和教育系统人才培养制度，建立了河西区教育信息化建设管理平台，对全区信息化建设进行全过程监管。在此基础上先后出台一系列基于信息技术的教师混合式研修实施方案，保障区域研修活动顺利开展
技术保障	在移动教研实施的过程中，主要依托河西移动教研平台及河西移动教研 App，并利用平板电脑、手机、录音笔等手持设备，实现教研信息、教研反馈实时推送，开展教研活动，建立教研圈子。由专业技术人员对教研中用到的各项技术平台、设备等进行开发、运维和服务
质量评估	通过河西移动教研平台后台数据库的记录，形成了每一位教师的教师成长轨迹，通过区内举办的各项教研活动，体现出教师教科研成果。使用"经验+数据"型评价方式，开展区域教师研修的过程性评价和总结性评价

第三节 案例组织实施

河西区尝试的移动教研是基于移动技术应运而生的一种系统的、崭新的教研模式，它不仅仅是一项技术手段的更新，更是教科研一体化的思维管理模式，是对传统教研方式或常规教研方式颠覆性的全面转型。它是构成新型学习的有机因素，是以探究学习、交流、研讨作为主要学习方式的教学研究活动，依托现代信息技术手段，开发和利用教育资源，建立起区域内开放、交互、动态的网络教研云平台，从而实现教研信息、资源的交流与共享，达到教学、教研、科研一体化。

一、形成研修机制

近年来，随着区域研修的不断发展，天津市河西区系统地安排研修工作，采用以教研为核心、科研为先导、培训为基础、信息技术为载体的四维联动工作模式，通过区级、学区、校级三级教研机制，以不同的方式引领与驱动区域研修活动的开展。

区级教研是针对教学中的重点、难点、疑点和热点问题，探究通用性解决策略的研究。区级教研以教师发展研究中心为依托，全面推进区域教师研修机制优化和创新，形成了教育局主要领导挂帅、职能科室区域统筹、教育中心全面组织服务的区域层面教师研修机制，整合学校、学科、教师、网络资源等优势，规划全区的整体发展，并总结提炼各校的经验，在全区范围内推广。学区教研始于2006年。河西区为着眼解决改制校与公办校优质资源相对集中，校与校之间发展不均衡的问题，2006年在全市率先成立"小学教育发展联合学区"，将全区小学按照区域划分组建五个教育发展联合学区，使联合学区成为学校发展的共同体，实施名校带动机制，以学区中心校为中心，与学区内成员校建立校际协同发展关系，实现教育资源的共建共享，建立优秀教师流动机制，推进区内教师流动，促进教育均衡发展。为了在学区内深入开展合作与交流，形成资源共享、协同发展的新格局，学区教研在教研员的指导下，针对学区教学存在的突出问题，开展基于问题解决的研究。学区教研可根据学区地域、学校等特点自主确定研究内容及形式，更加灵活，效果更加突出，彰显育人的独特优势。校级教研是针对校本或班本教学问题开展的诊断与矫正的行动研究，各基层学校成立教师研修专门机构，把教师研修作为推进教育发展的战略性、基础性工作。三级教研的实施，使教学研究既有高度，又有针对性，通过专题研讨、同课异构、微格点评、漫话沙龙等形式，给每一位教师提供了参与研究、展示自我的机会，彰显了教师在研究中的主体地位，促进了群众性教科研活动的普及。

二、做好技术保障

移动教研主要依托河西移动教研平台及河西移动教研 App，并利用平板电脑、手机、录音笔等手持设备，实现教研信息、教研反馈实时推送，开展教研活动，建立教研圈子。河西区使用的相关技术设备及其功能如表 7.2 所示。

表 7.2　河西区开展移动教研使用的技术设备

技术设备	在研修中的功能
河西移动教研平台	对大数据进行统计分析，以图表形式展示教研员、学校、学科、学年、学期等数据分析结果，并生成数据分析报告
河西移动教研 App	发布课例研修信息，推送教研通知；以音视频、文字等方式进行课堂记录，支持实时分享听课记录；对听课内容进行量化打分，生成听课报告，以图表形式显示授课亮点及不足
区域资源平台	将一线教学实践中的优秀课程梳理、汇总、提升，共享教研优秀资源
平板电脑	进行课堂记录；在教研圈中共享资源、探讨问题
智能手机	进行课堂记录；在教研圈中共享资源、探讨问题
录音笔	进行课堂记录

为充分发挥以上技术设备在区域移动教研中的作用，河西区做了大量的前期需求分析，通过区域信息化团队、教科研团队与技术开发企业积极沟通，不断修订软件开发与实施方案，并严格按照时间节点敦促项目的进程。在应用过程中，区域根据实际遇到的问题，提出需求，企业负责对产品软硬件进行多级服务和有力的技术支持。同时，天津市河西区修订了培训制度，邀请工程师及系统维护人员对教科研人员、信息技术团队进行现场培训。为了保证网站的稳定性及不间断性，区域系统管理员定时查看操作系统日志及 IIS 日志，查看 CPU、内存占用率，对服务器异动情况进行检测，保持服务器正常运行。

三、构建区域移动研修生态

大数据和移动时代的到来为河西区提出了做有品质教研的高要求。有品质的教研是促进教师个性化的专业成长、追求内在价值的教学研究。它以精准教研为主要突破口，以移动终端和新型教研平台为重要工具，以提升教研的创新品质、良好的人际关系品质为主要目标。在此背景下实施的区域移动研修，将以促进教师核心素养和精准提升特定教师的个性化发展为目的，灵活运用信息技术，构建良好的区域研修生态。

（一）开发平台，奠定基础

教研室的核心团队与企业合作将现阶段应用市场中的各种实用工具类 App 的优秀功能汲取出来，从使用的便捷性、功能的综合性出发，开发了河西移动教研平台。河西移动教研平台首先将 WPS、OneNote 等软件的功能和评价体系整合，形成新的教研听评课评价系统；其次，用文字、图片、视频、手写等代替传统的听课记录，在听课过程中直接调用学科评价表，定量评价与定性评价完美整合；同时，后台形成的教学量化数据库，为短期的、长期的和个体的、群体的精准教学分析提供了大数据支持。

（二）加强培训，转变思维

在开展基于移动教研的区域研修之初，教研员对于手持设备在教学中的应用是陌生的，为此区里组织教研员先后赴北京师范大学、天津师范大学、东北师范大学进行学习，在教授、专家们组织的头脑风暴中，教研员对手持设备、信息化手段在教学中的应用有了全新的认识。

随后，教研室以"平板电脑的使用"为主题对教研员进行了系统培训，保证教研员能够熟练使用各种专业软件，开展基于手持设备的研讨交流。

（三）实践应用，形成生态

有了理论和技术基础，教研员开展了一系列基于手持设备的教科研与培训交流活动。教研员发现，手持设备的使用，容易引起教师的共鸣，尤其是新入职的教师。通过这种方式引发他们对信息技术与课程深度融合的兴趣，提高了培训的质量与效益。下校听课时，教研员通过平板电脑记录课堂的关键环节、精彩时刻、有效提问，将所思所想、所见所得随时记录、随时评价、随时发布。

为了更加有效地提高教科研的实效性，开展跨学段、学科、领域的研究，河西移动教研平台还将微信、朋友圈的功能整合成教研圈。一方面，教研员可以在教研圈内开展主题研讨、协作研修，把听课过程中的优秀片段推荐给教师学习，形成新型网络教研模式。另一方面，教师也可以把教学经验、困惑发出来，共同研讨。教研圈是开放、自主的，它打破了时间、空间、身份、学科的限制，形成研究共同体，提高了单位时间内教研的效益，方便开展基于问题的精准研究。

除此之外，河西移动教研平台还整合了教研通知、教研反馈等内容，将教研通知推送给教师，教师参加教研活动时通过定位即可签到，并反馈给学校。河西移动教研平台不仅丰富了教研的内容、形式，而且规范了教研的流程，减轻了学校、教研员、教师的负担。在教研员的带动下，河西区的教师也加入利用移动设备提升课堂教学效率的探索中，在日常的教学中，根据学科特点、已有设备、软件使用习惯等，开发适用于课堂教学的功能，化难为易，化繁为简。

在开展基于移动教研的区域研修的各个阶段，河西移动教研平台后台数据库记录下了全过程。河西移动教研平台不仅帮助区域研修管理者分析一所学校、一门学科、一个年级的教学情况，还记录了每一位教师的教学成长轨迹，从汇总的图表中可以看出教师在一次次的教学实践中不断成长的历程。随着时间的推移，随着数据的不断积累，随着教师队伍的不断成长，移动教研平台将成为河西教育的人才数据库，为区域培养教师、选拔人才提供必要的数据支撑。

在河西移动教研平台的支持下，区域举办的各种评选活动生成了许多优秀作品；区域学科教学研究生成了很多优质教学成果；各校教师在教学实践过程中积累了很多课程辅助资料；各中小学校涌现了许多优质校本课程。这些内容来自日常教学，经过实践检验，有一定的推广意义。在此基础上，区域将实践中优秀的教科研及培训成果进行汇总、梳理、提升，让这些资源更加科学、规范、完善，形成了区域资源平台，这些优秀资源将通过区域资源平台及时转化为区域共享资源，所有河西区教师、中小学生均可通过统一认证平台登录并学习课程内容，形成了开放、共享、共赢的区域研修生态圈（图 7.1）。

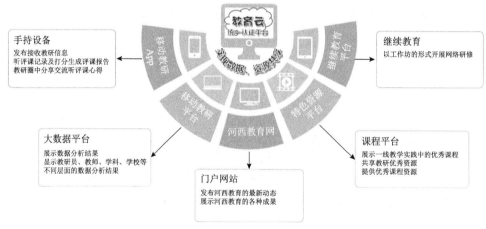

图 7.1　河西区区域研修生态图

第四节　案例特色与创新

天津市河西区利用网络和手持移动工具，依托河西移动教研平台，打破时空限制，随时随地实施交互式区域研修活动，将教研员、教师连接在同一个网络平台，共同创建和分享教育资源。

移动教研这种区域研修方式，优化了教研活动流程，改变了听评课方式，形成了教学量化数据库，提升了教师学习的普遍性，构建了区域研修生态。它弱化了教研员与教师的身份特征，所有的教研员与教师一样，都是学科教研活动的组织者与参与者，都是课堂教学的实践者与评价者，都是探究学习的先行者与示范者。

在区域移动教研平台的基础上，区域依托天津市基础教育资源公共服务平台建设了河西区教育资源公共服务平台，形成互联互通、开放灵活、多级分布、覆盖全区、共治共享、协同服务的区域数字教育资源公共服务体系，实现了教育资源的开放共享，为各学段各类学校提供海量、适切的学习资源服务，实现从"专用资源服务"向"大资源服务"的转变。

未来，探索将区域内的优势平台打通串联，以移动教研平台为主线、将特色课程平台、教育管理服务平台等典型平台有效整合，实现数据的深度挖掘。通过大数据积累为今后的信息化建设创造制高点，全面汇聚教育运行中的各种数据，挖掘数据内在联系，以数据呈现教育发展态势，科学高效调整教育布局，以教育公平为根本出发点，破解教育发展不平衡、不充分的难题。

第八章

基于智慧教育云平台的教师工作室（坊）研修

实施地区：四川省成都市成华区
组织单位：四川省成都市成华区教育局
负责人：叶树文
主要成员：唐皓、李微波、靳亚南、代楠

第一节　案例背景

四川省成都市成华区位于川西平原，是成都市区面积最大的城区。区内有各级各类中小学、幼儿园161所（其中公办学校63所，含中小学45所、职业学校2所、幼儿园15所、特殊教育学校1所），在校中小学生和在园幼儿11万多人，公办在职教师4200余人，在岗省特级教师18名，市特级校长4名，市特级教师7名，市学科带头人33人，区学科带头人346人。目前区内学科教研员43人（中、小学高级教师25人，中、小学一级教师18人），全国模范教师1人，省有突出贡献专家1人，省、市特级教师4人，省优秀教师4人，市学科带头人9人，市优秀教师3人，区学科带头人17人。

成华区坚持以教育信息化引领教育现代化、以信息化推动教育改革和创新，不断加大基础投入，学校信息化基础设施建设较为均衡，所有学校基础网络带宽达千兆，多媒体教室占班级数的比例达到1：1，师机比达到0.8：1，生机比达到6：1。区域大力实施"信息化基础能力提升、教师信息素养提升、优质资源共建共享"三大工程，初步实现"一平台两中心三覆盖"的发展目标："一平台"即基本建成成华区智慧教育大平台；"两中心"即智慧教育数据运维中心和智慧教育资源中心；"三覆盖"即教学应用覆盖全体教师、学习应用覆盖全体学生、智慧校园建设覆盖全体中小学校。基于成华区智慧教育云平台，建立名师工作室空间、学科工作坊研修空间、学校研修空间，搭建本地网络研修平台，为开展全员网络研修奠定了平台基础。成华区被评为教育部"2019年度网络学习空间应用普及活动优秀区域"。

成华区区域研修以名师领衔的工作室、学科教研员领衔的工作坊研修为主，采用线下实体研修方式，通过不断探索形成了教师工作室（坊）"1231"主题研修模式，即1个阶段一个主题、2本专业书籍阅读、3个课例、1本成果集，以研修任务驱动教师专业发展。教师在完成研修任务的过程中，通过面对面互动讨论、实地听评课、多感官学习、总结提炼与分享，形成了扎实的研修成果。同时，跟随时代发展，教师工作室（坊）领衔人通过工作室博客、微信公众号等信息化手段，传授先进的教育教学方法、教育管理理念、典型经验，指导区域教师教育教学改革和管理创新，这些尝试在一定程度上促进了研修过程的可视化、成果效益的辐射及延伸，有效促进了区域教师研究真问题、做研究型教师的进程，奠定了区域研修的基础。随着区域智慧教育进程的不断推进，成华区的网络研修从"工作室（坊）+博客""工作室（坊）+微信公众号"向"工作室（坊）+网络空间"转变，借助成华区智慧教育云平台，成华区运用网络研修空间在教师工作室（坊）主题研修、工作室（坊）管理、研修活动指导、成果推广、效益发挥等方面开始了实践与思考。

第二节　PASA 模式应用概览

依托教育部—中国移动科研基金 2017 年度项目"信息技术支持下的区域教研模式研究及试点"，成华区根据 PASA 模式，开展了基于智慧教育云平台的教师工作室（坊）的区域研修活动，模型的具体应用如表 8.1 所示。

表 8.1　成华区基于智慧教育云平台的教师工作室（坊）研修 PASA 模式应用

模型要素	应用概览
发展目标	丰富和发展区域教师工作室（坊）研修模式，更新教师研修理念，形成基于工作室（坊）的主题研修方法和途径，培养工作室（坊）内教师开展网络研修的习惯，促进本区教师教育科研水平、信息技术水平的提升；积累一批可推广的先进经验和优秀案例，进而推进区域智慧教育进程，促进教育信息化融合创新，推动区域教育的均衡发展
研修活动	项目实施期间，成华区基于教师工作室（坊），开展了线上线下相结合的区域研修模式探索，研修活动在保持原有的教师工作室（坊）"1231"主题研修模式特色的基础上，重构了研修形式
组织保障	成华区教育行政部门、教研部门、学校、企业、高校多级联动，组建了管理团队、学校团队、企业服务团队、专家指导团队，共同保障区域研修工作的高效开展
制度保障	成华区制定了各项管理办法、工作计划、操作手册、评估办法来保障区域研修工作有序开展
技术保障	成华区智慧教育云平台是区域内教师开展区域研修活动的主要场所，通过购买服务的方式，成华区委托服务商提供专业平台运维团队保障其安全、稳定地运行，并确保平台各方面能力满足区域研修需要，以支持网络研修、教育教学融合应用等需求
质量评估	通过教师自评、互评，开展过程性评价和总结性评价

第三节 案例组织实施

在成华区教育局的统一部署下，截至 2020 年 7 月，成华区建设了 31 个名师领衔的工作室和 40 个学科教研员领衔的工作坊，围绕成华区教师工作室（坊）的定位——"学科发展的领跑者、经验的产出地、名师的孵化池"，在研修工作的组织与管理中，区域充分使用信息化手段，通过组建团队、多级联动、机制保障等举措，创造性地推进基于智慧教育云平台的教师工作室（坊）区域研修工作的顺利开展。

一、做好组织保障

作为推进区域教育信息化工作的重要抓手，成华区将区域教师研修工作纳入区域智慧教育专项行动，组建了由管理团队、学校团队、平台服务团队、专家指导团队组成的成华区网络研修项目团队，具体架构如图 8.1 所示，职责分工如下。

名师引领团队由成华区名师工作室及学科教研工作坊领衔人构成，负责网络研修空间建设及管理、人员招募、活动发起、过程管理及考核、成果归集等；研修参与团队由各工作室成员、学科教师构成，负责参与研修活动、开展混合研修、提交研修成果等；技术服务团队，由各学校信息化主管、平台运维技术团队构成，负责对网络研修平台的使用进行培训及技术响应；专家指导团队由高校知名教授、名师等组成，负责区域研修培训、研修指导、活动评审等。

区教育行政部门、教研部门、学校、企业、高校多级联动，从管理上明确项目推进团队各部门的职责分工，落实规划、宣传、培训、研修、活动、评选等各个环节。其中，区教育局发展规划科负责信息化行政牵头、整体规划、区域统筹宣传等；区教育局督导室负责工作考核评估；区教育科学研究院负责区域研修、融合应用以及本土化特色资源建设；区教育技术装备管理服务中心负责技术支撑、平台培训工作；各学校完成区域网络研修任务，积极实践；平台服务团队负责区域网络研修过程中的技术支撑和服务；专家指导团队负责研修培训和理论指导。此外，通过举办成华区新媒体新技术应用教学优质课大赛、智慧教育"三优"评选活动、基础教育课程改革论文大赛、教育教学信息化大赛等活动，建立评优评先机制；结合年度考核，对学校试点工作进行考评，有效保障了区域研修工作的顺利实施。

图 8.1　成华区"教师工作室（坊）"团队

二、技术保障到位

2018 年底，成华区搭建了智慧教育云平台。作为成华区首个部署到成都市政务云的项目，成华区智慧教育云平台已经为全区一线教职工开通了实名认证的教学空间，提供了包括"备授课一体化""移动授课""伴随式教学资源采集"等务实有效的应用，基本完成了教学应用覆盖全体教师；同时，为全区 8 万余名学生开通了个人学习空间，提供了与教师空间资源相通的"课前导学""在线检测""自主学习"等学习应用，初步实现了全体适龄学生的学习应用全覆盖。

经过测评和分析，成华区智慧教育云平台有开展网络研修的功能模块，可以利用名师工作室空间（线上）和学科教研社区模块开展基于网络空间的教师工作坊主题研修。目前，平台通过购买服务的方式，委托服务商提供专业平台运维团队保障成华区智慧教育云平台网络研修空间安全、稳定地运行，并确保平台系统的计算、存储、传输等能力满足业务运营和发展的需要，以满足支持网络研修、教育教学融合应用等需求。

三、基于智慧教育云平台的教师工作室（坊）研修

（一）区域统筹，机制保障

成华区本着"建立特级教师、市学科带头人等名师工作室，吸引青年优秀人才入室研修，共同研究教育问题，拓宽教师研修渠道，提升区域教育品质"的工作思路，确立了"涵育名师、成就精华"的理念，将教师工作室（坊）研修作为推进教育发展的重要抓手，制定了《成华区名师名校长工作室管理办法》《成华区名师工作室（坊）考核评估办法》《成华区名校长、名师工作室（坊）专项经

费管理办法》《"信息技术支持下的区域教研模式研究及试点"项目成华区 2019 年工作计划》《成华区名师工作室（坊）教师主题研修操作手册》等，通过制度建设、经费保障、过程性和总结性考核评价等为工作室（坊）顺利开展网络研修提供机制保障。

（二）专题共研，全员参与

智能时代，整合技术的学科教学法知识（TPACK）作为教师基础胜任能力中的重要组成部分，直接影响和制约着教师对信息化课堂的适应性和胜任力。成华区 2019 年启动了"成华区提升中小学教师 TPACK 三年行动"，以期通过三年时间提升中小学教师的 TPACK 能力，从 PCK+T 技术在外，到 TPCK 技术融入，最后在课堂彰显，分步推进，满足信息时代对教师专业发展的需求。成华区以名师工作室、学科教研员工作坊为依托，全域范围已陆续开展 TPACK 三年行动计划之 2019 年"建空间、析素养、凝共识"、TPACK 三年行动计划之 2020 年"融技术、聚资源、同分享"主题研修活动，通过一平台（成华区智慧教育云平台）多空间（名师工作室空间、学科工作坊研修空间、学校研修空间、教师个人空间），区域、学校、教师三级联动，全区教师以"学科核心素养分析"为内容，通过校本研修、联盟研讨、区域分享，建设自己的智慧教育空间，集群体智慧，加强素养、课标、教材与学习行为之间的联系，形成学科教育共识，培育教师信息素养，提高教师学科素养与学生行为表征的解读能力。截至 2020 年 7 月，全区共完成线上研修活动 516 次，参与人数 8249 人次。

（三）混合研修，方式创新

基于智慧教育云平台，成华区结合原有的教师工作室（坊）"1231"主题研修模式，研修流程及任务保持原有特色，对研修的形式进行了重构。一方面，基于区域教师工作室（坊）现有模式，教师更容易接受；另一方面，通过混合式研修，既能实现研修活动常态化，将一些研修活动放在线上，集中进行线下研讨，最大限度地方便教师，又能将整个研修过程进行全方位记录，通过网络直播等形式共享研修成果，提高研修的效益。具体变化如表 8.2 所示。

表 8.2　不同环境下教师工作坊支持的"1231"研修对比

教师工作室（坊）研修原有"1231"主题研修		基于智慧教育云平台的教师工作室（坊）"1231"主题研修	
研修流程与任务	研修形式	研修流程与任务	研修形式
1 个主题	工作坊成员讨论，明确研修主题、任务	1 个主题	工作坊成员讨论，明确研修主题；研修空间发布研修主题、研修任务

续表

教师工作室（坊）研修原有"1231"主题研修		基于智慧教育云平台的教师工作室（坊）"1231"主题研修	
研修流程与任务	研修形式	研修流程与任务	研修形式
2本专业书籍阅读	推荐阅读书目，定期分享阅读成果	2本专业书籍阅读	发起网络研修活动和主题研讨区，推荐阅读书目，以"线上讨论+线下分享"形式共享阅读成果
3个课例	基于研修主题，以线下磨课、听课、讨论反复打磨，上课教师多次试讲、工作坊成员听课、讨论，最终形成三个优秀课例	3个课例	基于研修主题，发起线上磨课活动，通过第一次线下磨课、听课、讨论、录制，线上发布第一次上课视频，工作坊成员教师通过听评课工具观课、评课，进行线上讨论，归集意见，上课教师结合意见修改课例，重复以上，最终形成优秀课例。按同样方式形成三个优秀课例
1本成果集	归集研修主题、研修方案、过程资料、成果等集结成册	1本成果集	归集研修主题、研修方案、过程资料、成果等集结成册；网络研修空间成果
成果展现及辐射	名师工作室博客展示过程资料及成果；以区级、校级汇报课形式发布研修成果	成果展现及辐射	线上研修空间；线下以汇报课形式发布研修成果，同步开展网上直播及点播，扩大成果效益

通过线上线下的混合式研修方式，教师工作室（坊）实现了研修流程可视化、开发课程特色化、优质资源共享化、考核管理便捷化，有效实现网络虚拟研修空间与线下物理研修空间的融合互动。教师工作室（坊）网络空间在网络研修、资源共享、成果发布、网络教学、综合评价等方面深入开展应用及示范，不断更新教师研修理念，促进了区内教师教育科研水平、信息技术水平的提升。

（四）成果众筹，共同成长

依托成华区智慧教育云平台，成华区以赛促研，通过持续开展成华区新媒体新技术应用教学优质课大赛、智慧教育"三优"评选活动、基础教育课程改革论文大赛、教育教学信息化大赛等活动，全区学科老师参与，并覆盖中小学全学段、全学科。在新冠肺炎疫情防控网络保学工作中，全区教研员工作坊通过网络研修空间开展线上研修活动，发起网络保学"资源众筹"活动，制作的智慧教学微课、网络保学资源等受到全区师生的一致认可。截至 2020 年 7 月，成华区共建立网络研修空间 71 个，生成论文及研究报告 2127 篇，微课 3785 个，教学设计及课例 731 节，形成了基于工作室（坊）的教师主题研修操作手册，教师基本适应了网络研修，能够根据研修成果开展教学的实践应用。

第四节　案例特色与创新

　　成华区基于智慧教育云平台，通过"一平台多空间，三级联动；一标准自诊断，发展定制；一专题共研究，方式创新；一成果众筹划，共同成长"，开展区域名师工作室（坊）的混合式研修活动，在智慧教育视野下重新思考、丰富和发展了本区教师工作室（坊）的研修模式，促进了区域研修、校本研修方式的转变，提升了教育联盟的团队研修能力；通过打造各类研修空间、组织多项比赛活动等，集群体智慧建立了区域特色资源库，优化了学科课程建设，有效更新了教师研修理念，促进本区教师的教育科研水平、信息技术水平的提升，不断推进区域智慧教育的进程，有效促进了区域教育的均衡发展。

第九章

基于密云区教育云平台的区域新教师工作坊主题研修

实施地区：北京市密云区
组织单位：北京市密云区教育信息中心
负责人：张学虎
主要成员：张学虎、赵向东、王铁铮、尹金伶、崔永学、高小芹、高晓伶

第一节　案　例　背　景

密云区位于北京市东北部远郊区，是北京市面积最大的区，华北明珠——密云水库坐落在区域中央，是首都重要饮用水源基地和生态涵养发展区。全区共有各级各类托幼园所 73 所，小学 26 所，初中 16 所，高中 3 所，完全中学 1 所，九年一贯制学校 2 所，特殊教育学校 1 所，职业学校 1 所。幼儿园在园幼儿 13 000 余人，中小学在校生 4 万余人。密云区教委所属在职教职工 6000 余人，其中特级教师 20 人，区级学科教学带头人、骨干教师及青年骨干教师共 718 名。

密云区中、小、幼三个学段共设有专职研修员 57 名，涵盖所有学科且均为市、区级骨干教师或学科带头人；98%以上的研修员为本科及以上学历，其中硕士研究生 6 人；高级及以上职称的研修员有 43 人，占比 75.4%；教育教学水平、信息技术应用能力等均能满足项目研修的需要。

密云区教育城域网互联网出口总带宽达 8.5G，有线网络和无线网络覆盖全部学校，专任教师人手一台计算机。同时，2016 年密云区教育云平台正式投入使用，它的视频课例、专家讲座、协同备课等功能为网络研修提供了有力的保障，能够实现视频学习和交流、视频直播、在线集体备课等功能。

密云区地处山区，且区域面积大，各山区、平原学校距离较远，教师参加区级现场研修活动在路上要花费较长的时间，工学矛盾已经成为制约教师专业提升的一个主要瓶颈。此外，由于山区人口逐年减少，山区校规模较小，存在单学科单人单岗的现象，教师缺乏与同轨班教师之间及时的教学研讨，不利于教师专业成长。为解决上述问题，2016 年密云区教育云平台正式投入使用后，密云区便开始积极探索基于信息技术的区域网络研修。

2019 年，密云区被遴选为教育部—中国移动科研基金 2017 年度项目"信息技术支持下的区域教研模式研究及试点"试点地区。依托该项目，密云区充分发挥信息技术的优势，采取"互联网+教研"的方式，基于密云区教育云平台组织开展区域新教师工作坊主题研修试点，以有效解决研修活动中的工学矛盾以及地域、时空的限制等问题，积累研修经验及成果，促进区域教育的均衡发展，不断提升教师的专业素养及教育教学水平。

第二节　PASA 模式应用概览

　　基于密云区教育云平台的区域新教师工作坊主题研修 PASA 模式应用如表9.1 所示。利用本地教育云平台，在区教育信息中心和区教师研修学院的共同组织协同下，针对新教师的特点，研修员组织新教师开展了从集体学习、协同实践到独立实践、协同发展的递进研修活动，充分提高了新教师的理论水平和教育教学能力。

表 9.1　密云区基于密云区教育云平台的区域新教师工作坊主题研修 PASA 模式应用

模型要素	应用概览
发展目标	以新教师为抓手，针对新教师学习欲望较强、日常教学任务繁重且外出培训机会有限的现状，组织新教师开展信息技术支持下的教师基本功提升系列活动，使新教师足不出校就能利用互联网进行学习、研讨和协同备课，以更快地提升其学科教学能力，提高备课、上课实效
研修活动	针对新教师教学理论和实践水平都有待提升的特点，密云区成立了区域新教师工作坊，并在信息技术学科开展基于密云区教育云平台的主题研修模式试点。由经验丰富的研修员带领新教师开展自主学习、引领备课、自主备课、协同备课等一系列研修活动，为新教师提供一条理论与实践相结合，引领发展、自主发展与合作发展相结合的研修路径
组织保障	密云区成立了以区教委副主任为组长，区教师研修学院院长、副院长，区教育信息中心主任、部门主任为组员的领导小组，区教育信息中心负责项目协调、技术支持与服务，区教师研修学院负责组织与管理，具体由研修员组织学科教师开展相关研修活动
制度保障	密云区委教育工委、区教委制定《关于"十三五"时期教师培训工作的实施意见》《密云区教育云平台使用管理意见》等相关制度，为区域研修活动提供保障
技术保障	密云区教育云平台是密云区本地区域研修平台，自 2003 年至 2016 年，经过十多年不断升级改造，已经实现了协同备课、专家讲座、说课、看课、评课、思课等各种教研功能，为区域新教师工作坊开展研修提供了强大的技术支撑
质量评估	基于密云区教育云平台的区域新教师工作坊主题研修模式从坊员满意度、研修效果及研修行为三个方面对研修质量进行评估。坊员满意度主要采取问卷调研方式，研修效果及研修行为评价包括坊员自评与互评及坊主专家点评，通过定量评价和质性评价相结合实现对研修活动的激励及动态调控

第三节　案例组织实施

　　面对新教师这一特殊群体，基于密云区教育云平台的区域新教师工作坊主题研修活动设计了从集体学习、协同实践到独立实践、协同发展的递进发展过程，引领新教师逐步提升教学能力。

一、研修平台

密云区教育云平台（图 9.1）始建于 2003 年，经过两次升级改造于 2016 年建成，立足于引领教育教学基本业务，构造了以协同备课、网络研修、学习系统、资源系统、课程系统、态势管理六大应用为核心，多种业务模块为辅助的教育云软件应用系统（图 9.2、图 9.3）。目前，密云区教育云平台支持协同备课、专家讲座、说课、看课、评课、思课等全部教研过程的组织、过程记录及资源存储，并支持大部分过程的复现。

基于密云区教育云平台的区域新教师工作坊主题研修，主要利用密云区教育云平台创建主题活动、协同备课、专家讲座、视频课例等功能，实现线上线下主题研修。创建主题活动功能，可根据实际需求创建某专题或主题研修模块，并在模块下创建各类子活动；利用协同备课功能，主备教师可上传备课教案，其他教师可在线协同修改或做批注；专家讲座功能，通过在线直播，提供培训、讨论、会场等三种模式，可根据讲座、研讨、会议等不同教研需求，随时调整直播模式，有利于更好地把控直播秩序；视频课例功能，可上传优质视频资料，供教师在规定时间内观看学习，同时也支持讨论区的学习分享和交流。

图 9.1　密云区教育云平台首页

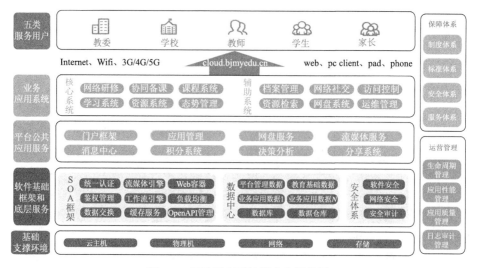

图 9.2 密云教育云计算中心架构图

图 9.3 密云区教育云平台软件系统

二、研修团队

密云区教委人事科责成区教师研修学院组建新教师工作坊,坊主由研修员担当,主要负责团队的组建及研修方案的设计与实施引领。坊员主要是教龄在三年以内的新教师,他们朝气蓬勃、有想法、有干劲,但教育教学能力有待进一步提升。

三、研修活动

常见的研修活动流程包括组建团队、确定主题、主题学习、研讨、实践教学、观摩互评、反思改进、经验分享等环节。针对新教师教学理论和实践水平都有待提升的现状，密云区设计了从集体学习、协同实践到独立实践、协同发展的递进发展过程，具体流程如图 9.4 所示。

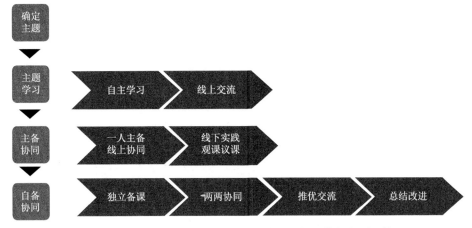

图 9.4　基于密云区教育云平台的区域新教师工作坊主题研修

（一）确定主题

精准确定主题是确保研修质量的关键。确定工作坊研修主题要立足于参研教师的实际情况，解决教师遇到的真实问题。如通过听课、调研、与新教师的交流等，发现新教师能够很快地接受新的教学方式，在课堂中为学生创设探究尝试的情境，但是在探究尝试的交流反馈环节不知如何设计与实施，往往流于形式，大大影响教学效率。因此，针对新教师基本功提升活动的主题可以确定为"有效课堂教学反馈的设计与实施"。

（二）主题学习

学习是实践的基础，新教师要想学会设计教学反馈，首先要知道什么是教学反馈，有哪些设计与实施的策略等。与新教师确定研修主题后，为了使新教师的学习方向更明确，坊主先录制视频课程"有效课堂教学反馈的设计与实施"，并将课例上传到密云区教育云平台，供新教师利用课余时间灵活、反复学习，明确课堂教学反馈的概念、理念与方法。同时，为了提高网络学习的实效性，组织教师利用"视频课例"讨论栏功能交流分享学习收获与体会，通过交流与思想碰撞，加强新教师自身对学习内容的理解与提炼。最后，坊主通过讨论帖对本阶段的学习与交流进行总结，一一反馈每位教师学习的关注点，以实现个性化的研修指标。

（三）主备协同

理论学习之后，为使新教师更好地理解、应用主题学习内容，不急于让每位教师都进行教学实践，而是先采取主备、协同、观摩的方式开展协同研修，让坊员在团队协作中进一步消化主题内容的混沌点。协同研修包含线上协同和线下实践。

（1）线上协同备课，设计教学反馈。首先，确定一位工作经验相对丰富的教师为本次活动的主备教师，利用云平台"协同备课"功能，新教师针对主备教师自主设计的教案开展协同备课。由于新教师缺乏协同经验，为避免协同方向性不强，坊主明确参与协同备课的方法：每位教师认真阅读主备教师的教案，关注教学反馈的设计，在教学反馈环节标注出其认为应反馈的内容、人员、时机和方式，每人至少标注两处，并尽量避免重复。在这样的引领下，新教师可以聚焦教学反馈进行协同备课，并提出自己的见解（图 9.5），进一步加深对教学反馈的思考。最后，主备教师结合大家的建议修改教案后再进行备课，并将改进后的教案再次上传至云平台。

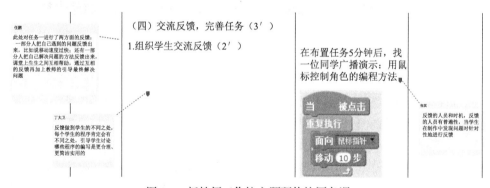

图 9.5　新教师工作坊主题研修协同备课

（2）线下观课议课，实施、改进教学反馈。经过线上协同备课，确定了教学反馈的设计方案，这个方案是否合适还需要实践检验。因此，坊主可组织一次新教师现场研究课，观察课堂活动。为提高实践观摩的实效，活动前，坊主组织教师交流、研讨课堂观察的方法，并根据教学反馈的内容、方式、时机、人员等四个方面，确定新教师的观察任务（表 9.2）。课后，在坊主引领下，新教师根据观察数据展开专题讨论和研究，并提出改进意见。在讨论过程中，坊主适时针对教学反馈的设计和实施要点引领新教师寻找策略与方法。

活动后，主备教师再次修改设计，将三备教案上传到云平台，这份教案的设计也成为新教师进行教案设计的范例。通过这样一人主备、其他坊员协同备课并实施、验证，每位坊员对教学反馈的设计都有了深入的认识，学会了如何在课前预设、课中捕捉关键点。

表 9.2　新教师工作坊主题研修教学反馈观察表

观察角度	观察人员	反馈内容	反馈人员	反馈时机	反馈方式
具体观察点	A 老师	内容是什么？通过什么话题进行交流反馈？达到什么目标？	具体是谁？如何确定？	探究的时间？时机的确定？及时、延时反馈的应用？	应用了什么手段？效果如何，或是否合适？

（四）自备协同

能够独立进行教学设计并实施是新教师工作坊主题研修的最终目标。在前期的学习、共同设计与实施后，坊主组织坊员开展人人实践的独立设计与协同研修活动，要求每位教师独立撰写一份聚焦教学反馈的教案，此后发挥团队的力量进行两两协同备课。

（1）独立备课。每位新教师根据教学内容自主确定课题，聚焦课堂教学反馈的设计，独立备课，撰写一份教案，上传到云平台。

（2）两两协同。每位教师均为主备教师，同时通过抽签分组两两协同，为小组中另一人提出其教案的优缺点。协同之前，明确要求保证协同实效，但是这个阶段坊主不再直接提出具体要求，而是强调本次协同备课的重要关注点，引导新教师思考在协同备课中的注意事项，并鼓励每位教师畅所欲言。

（3）推优交流。在两两协同后，坊主需要适时地退一退，不立刻对活动进行总结，而是组织坊员开展互评、推优活动，要求每位教师学习所有的备课教案及相关意见，填写网络问卷，选出教学反馈设计最好的两位教师和协同最好的两位教师，并列出推荐理由。

（4）总结改进。通过密云区教育云平台的专家讲座功能，坊主在网络上组织研修活动的交流总结，请坊员对研修活动进行反思，交流学习收获与困惑，并由坊主公布推优互评结果，总结分享研修活动中新教师的成长点以及存在问题，对教师的教学设计进一步提出修改意见。

总结活动后，要求每位坊员根据大家的修改意见以及在研修过程中学到的经验，再次修改自己的教学设计，上传二次备课并再次进行协同改进。同时，学期末在全区的学科展示活动中，请备课、协同中的冠军代表新教师工作坊进行展示，提高新教师参与后续研修的积极性。

四、保障体系

（一）组织保障

密云区教师培训工作由区教委人事科牵头，相关科室、部门参与，逐步构建了"功能多元、能力足够、效能突出、特色鲜明"的以区教师研修学院、教育信息中心、青少年宫、职教中心为核心的教师培训机构密云区教师发展中心，负责全区教师培训工作的宏观指导、综合协调和督导评估，保证培训工作的规范运行。

基于密云区教育云平台的区域新教师工作坊由区教师研修学院负责组织与管理，区教育信息中心负责项目协调、技术支持与服务。在区域研修过程中，区教育信息中心、区教师研修学院及各中小学形成了良好的合作互动机制。区教育信息中心和区教师研修学院每月组织一次协调会，沟通活动进展中遇到的技术问题，在实践应用中逐步完善密云区教育云平台。

（二）制度保障

密云区委教育工委、区教委制定、下发《关于"十三五"时期教师培训工作的实施意见》。面对全体教师，构建"研训一体"培训课程体系，实施"师德素养提升行动""教师专业能力提升行动""校本研修提质行动"，提升教师的教育境界，增强教师的学科核心素养，提高课程改革能力；面对青年教师、骨干教师，实施"教师专业发展进阶行动"，实现教师阶梯式发展；面对乡村教师，实施"乡村教师能力提升行动"，提升乡村教师专业素养，促进城乡学校协同发展、优质均衡发展。

密云区教委又制定、出台了《密云区教育云平台使用管理意见》，对密云区教育云平台的使用给出具体指导和量化要求，进一步促进了平台的使用。

新教师工作坊运行过程中，各工作坊都建立了微信交流群，为大家提供项目实施过程中问题探讨和经验分享的平台，密云区教委每年都会组织总结和观摩展示活动。

（三）经费保障

为保障教师研修活动顺利开展，密云区教委在经费上给予了大力支持，共涉及以下费用：①密云区教育云平台开发经费，密云区教育云平台各模块开发费用合计约 1590 万元；②密云区教育云平台日常运维经费，包括互联网带宽租用、基础运维、网络运维等，每年大概 500 万元；③教师工作坊每年例行活动经费，密云区有各学科教师工作坊 36 个，密云区教委每年为每个工作坊拨付活动经费 3 万元。

第四节　案例特色与创新

本案例有两个突出的特点：①充分发挥了信息技术手段优势，解决了教师研修工作中的实际问题；②针对新教师设计了逐步递进的研修活动。密云区教育云平台将各种技术软件功能与区域研修场景相结合，建成了一个功能完备且实用的区域研修平台，能够支持协同备课、上课评课、专家讲座等各种日常研修活动。比如，将多人协同在线文档与教师日常备课结合，实现了真正的多人"协同备课"；将直播软件的主持模式、自由模式改造后，设计了具有培训、讨论等多模式的在线专家讲座功能。密云区教育云平台的设计和建设经验值得其他地区借鉴和学习。

正如文中所说，新教师"朝气蓬勃、有想法、有干劲"，他们迫切希望提高自身的教学能力，非常珍惜各种学习机会，所以新教师往往是研修活动的主要参与人群。但是传统研修活动常常流于形式，缺乏设计，活动单一，新教师在一次次的研修活动中很容易丧失参与的积极性。本研修活动将新教师这一特殊人群组织起来形成工作坊，按照从集体学习、协同实践到独立实践、协同发展的递进过程对其进行有针对性的指导，相应地，坊主的角色从指导、引导逐步转变为幕后支持，这样的设计符合新教师的自然成长规律，充分发挥了工作坊"师傅带徒弟"的效用，具有推广价值。

第十章

网络名师工作室主题式区域研修

实施地区：辽宁省沈阳市和平区
组织单位：辽宁省沈阳市和平区教育研究中心
负 责 人：吴艳华
主要成员：辛欣、郭宏艳、马喜梅、王若辉、张欣、潘文涛、钱坤、谷铮、白珊、
　　　　　汤晶、赵刚

第一节 案例背景

和平区作为沈阳市中心区域，是国家可持续发展试验区和辽宁省唯一的国家级文化和科技融合示范基地。全区共有公办小学 23 所、公办初中 10 所、公办高中 6 所；在职教职工 4796 人，在校小学生 38 803 人、初中生 18 555 人、高中生 7830 人。全区教科研人员共计 86 人，均为大学本科及以上学历，秉承为区域教育决策服务、为学校发展服务、为教师专业成长服务的宗旨，负责全区中小学的教师教育科研、培训工作。

在教育信息化建设方面，和平区按照沈阳市数字校园网络三星级建设标准，完成了全区中小学有线网络光纤接入和无线网络全覆盖，为教育信息化铺好"路"；每所中小学均配备了 10 台以上平板电脑和录播教室，所有中小学共 946 个教室均已配备触控一体机，为教育信息化的应用引好"端"；和平区已建成教育数据中心和新媒体新技术应用与体验中心，为教育信息化搭好"架"，营建"数字化新环境"。

在区域研修方面，和平区于 2007 年就尝试开展网络教研活动，并在 2010 年开始正式启动沈阳人人通网络教研平台进行"互联网+区域研修"。和平区实施"互联网+区域研修"的目的是通过"云+网+端"一体化的研修大平台，建设资源应用空间、交流互动空间、学习管理空间等网络学习空间，建立网络研修组织管理工具、研究工具及数据信息统计工具，实现各项工作职能的无缝连接，全面提升教师的信息技术能力与素养。2019 年，和平区被遴选为教育部—中国移动科研基金 2017 年度项目"信息技术支持下的区域教研模式研究及试点"，依托该项目，和平区开展了网络名师工作室主题式区域研修模式试点，以发挥名师辐射作用，促进教师专业发展。

第二节 PASA 模式应用概览

和平区网络名师工作室主题式区域研修 PASA 模式应用如表 10.1 所示。和平区依托沈阳教育资源公共服务平台，组织本地名师，建设线上名师工作室，开展主题式区域课例研修和活动研修，以促进教师专业发展。

表 10.1　和平区网络名师工作室主题式区域研修 PASA 模式应用

模型要素	应用概览
发展目标	网络名师工作室主题式区域研修是和平区实施"互联网+区域研修"的重要途径和抓手，旨在基于网络名师工作室，形成教师研修共同体，发挥名师引领辐射作用，提升教师的教育教学能力；将网络名师工作室与教师"个人空间"对接，建立优质教育教学资源的遴选汇聚和线上交流分享机制
研修活动	和平区网络名师工作室主题式区域研修模式依托本地名师，成立线上名师工作室，组织教师基于不同主题开展线上线下相结合的课例研修和活动研修，按照"主题—探究—研讨—实践—反思—分享"的研修流程螺旋推进，逐渐形成融教研、科研、培训于一体的区域研修模式
组织保障	为推进项目研修工作，和平区教育研究中心成立试点项目工作小组，由电教、教研、科研、培训等相关部门密切配合，确保研修工作顺利实施
制度保障	试点工作小组设立一对一跟踪指导制度和项目例会制度，确定一对一跟踪指导试点负责人，每月定期召开项目推进会，推进工作有序落实
技术保障	和平区网络名师工作室是沈阳教育资源公共服务平台的线上名师社区，具备成员管理、发布公告、存储教学资源、名师课堂、在线交流、网上评课等各类功能，支持教师开展线上主题研修和活动研修
质量评估	网络名师工作室主题研修的质量评估主要由工作室主持人承担，根据各个研修流程，结合过程性评价和总结性评价，主持人设计相应的评分量表。满分 100 分，累计达 60 分及以上为合格，达 80 分及以上可推荐为工作室明星教师，考评结果计入名师工作室教师考评表

第三节　案例组织实施

网络名师工作室主题式区域研修是依托沈阳教育资源公共服务平台的"名师社区"开展的，名师可在"名师社区"中创建自己的网络名师工作室。目前和平区已创建了 167 个网络名师工作室，其中较为典型的包括马喜梅老师的"和平小学英语名师社区"、赵刚老师的"和平区信息技术与教学融合工作室"、汤晶老师的"汤晶工作室"等，本案例将以汤晶工作室为例介绍和平区网络名师工作室主题式区域研修的相关经验和做法。

一、名师工作室基本介绍

汤晶工作室具备成员管理、公告、教学资源、教学文章、名师课堂、在线交流、网上评课等功能，除此以外，还专门设置了主题研修模块，内设研修活动、研修课例、研修日志、研修成果等板块。

二、研修团队

汤晶工作室由 10 名信息技术学科教师组成，设有主持人、研修小组组长、活动主持、主研教师、研修服务等多种角色，各类角色分工如表 10.2 所示。其中，工作室主持人由汤晶老师担任，负责研修活动的组织管理、专业指导和监督评价。组织管理方面，主要是引导学员登录，发布通知公告，管理学员行为，进行研讨反馈等；专业指导方面，负责制订研修计划，组织研修活动，提供研修资源，诊断关键问题等；监督评价方面，负责点评成员研修成果，推荐优质资源，推荐优秀课例，监督研修进程，撰写研修成果总结报告等。研修小组组长有两名，由李海波和陈宇佳老师担任，主要负责成果提升，如策划特色活动，总结研修经验，汇聚优秀成果，生成课程资源等。活动主持由樊丹老师担任，主要负责各种研修活动的主持。主研教师包括刘小玲、辛晔、毛爱玲、关婷、陆畅 5 名老师，是观评课教研活动的主要参与人员。研修服务由高桂敏老师担任，主要负责活动资料整理及活动记录。

表 10.2　汤晶工作室角色分工

角色	人员	职责
主持人	汤晶	组织管理、专业指导、监督评价
研修小组组长	李海波、陈宇佳	策划、组织、督促研修小组开展研修活动，总结研修经验
活动主持	樊丹	主持具体研修活动
主研教师	刘小玲	学习研修课例，上传自选课例
	辛晔	课堂教学实践
	毛爱玲	基于观察视角点评
	关婷	上传课例资源包
	陆畅	上传研修心得与体会
研修服务	高桂敏	研修活动资料整理及活动记录

三、研修形式

汤晶工作室成立于 2016 年 11 月，以培养学生信息素养、促进教师专业成长、建设充满灵性教育智慧的名师工作室团队为目标。名师工作室通过理论学习、专家引领、主题沙龙更新教育理念。自成立以来，工作室开展了教学研讨、课堂观摩、网络教研、专题研究等活动，在不断的实践中，汤晶工作室形成了自己的运行模式，如图 10.1 所示。在和平区实施"互联网+区域研修"提供的资源平台上，名师工作室重点进行了"互联网+研修"模式的创新与实践，开展了网络培训、在线研讨、互动交流等团队研修活动。

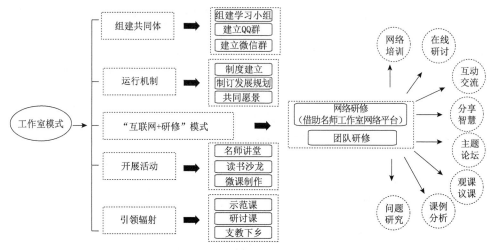

图 10.1　汤晶名师工作室运行模式

汤晶工作室的研修包括课例研修和活动研修两部分，具体研修内容如图 10.2 所示。无论哪种形式，都是根据不同的问题模块，设计相应主题，按照"主题—探究—研讨—实践—反思—分享"的研修流程螺旋推进，逐渐形成融教研、科研、培训于一体的区域研修模式。

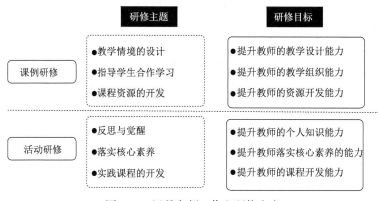

图 10.2　汤晶名师工作室研修内容

（一）课例研修

1. 研修主题

汤晶工作室从课前、课中、课后三个阶段归纳了六个问题模块，根据各模块的课堂教学实际，设计了课例研修主题（表 10.3）。每学期根据研修主题选择相应的典型课例（表 10.4）开展主题式的课例研修。

表 10.3 汤晶工作室课例研修主题

阶段	问题模块	研修主题
课前	教学设计	教学情境设计、任务设计、评价设计
	微课设计	微课设计与制作
课中	课堂管理	教学语言有效沟通、指导学生合作学习、课堂观察技术
	教学行为	有效教学行为
课后	课程管理	课程资源的开发
	科研课题	科研课题挖掘

表 10.4 汤晶工作室课例研修典型课例示例

研修主题	典型课例	研修目标
如何在课堂教学中进行教学情境的设计	关婷《美丽的椭圆工具》	紧扣教学情境进行研讨，提高教师教学情境的创新能力，提升教师的教学设计能力
在课堂教学中如何指导学生有效合作学习	刘小玲《创建演示文稿》	提升教师的教学组织能力，构建教师的有效教学，从而提高教师的教学水平
如何在有限的教学内容基础上进行资源的开发	毛爱玲《复制移动图形》	有效提升专业能力，提升教师的课程资源开发能力

2. 研修流程

课例研修流程包括案例学习、反思运用和总结分享三个阶段（图 10.3）。案例学习阶段主要是针对优秀课例开展理论学习。在此阶段，主持人上传根据研修主题选定课例的教学设计及相关资源，并发布课例观察的角色分工，要求学员从学生学习和教师教学两个视角重新审视课堂教学环节，探索有效的教学行为，把学生学习方式的转变与教师教学方法的改变作为重点来研究，深入挖掘案例，同时对比反思自己的教学行为，在研讨区讨论交流。

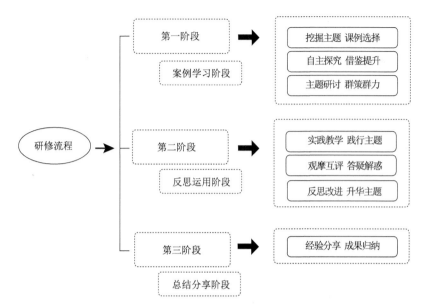

图 10.3 汤晶工作室课例研修流程

　　反思运用阶段是主持人组织成员将案例学习成果应用于实际课堂，进一步深化学习效果。一般安排两位主讲教师在本校第一次上课，同时将课堂实录上传到平台上，其他教师开展线上观摩互评，主持人及时给予一定指导，促进学员反思提升。线上评课结束后，主讲教师根据讨论情况进一步完善教学设计，在平台上重新提交课例资源包。

　　总结分享阶段主要是组织线下座谈会，组织成员提炼研修成果，对研修工作进行总结，同时主持人对每位成员的研修表现进行评价，评价量表如表 10.5 所示。

表 10.5 汤晶工作室课例研修评价量表

阶段	考核项	考评标准	分值	考评者
案例学习阶段	自主探究	学习主持人发布的教学课例并发布学习记录记 5 分，发布自己的教学课例记 5 分	10 分	主持人
	主题研讨	至少完成 2 个线上主题研讨，完成 1 个主题研讨记 5 分，满分 10 分	10 分	
反思运用阶段	实践教学	在"两实践两反思"模式下进行课堂教学，每次记 10 分	20 分	主持人
	观摩互评	根据"课堂观察点"进行点评。回复记 15 分，优秀加 5 分，良好加 3 分，合格加 1 分，抄袭记 0 分	20 分	
	反思改进	根据大家的建议反思教学过程，进一步完善教学设计，在平台上重新提交案例资源包。提交记 10 分，资源优秀加 10 分，良好加 5 分，合格加 2 分	20 分	
总结分享阶段	经验分享	撰写主题研修反思报告。提交记 10 分，优秀加 10 分，良好加 5 分，合格加 2 分，抄袭记 0 分	20 分	主持人

　　注：①满分 100 分，累计达 60 分及以上为合格，达 80 分及以上可推荐参加工作室明星教师评选；②考评结果填入名师工作室教师考评表。

（二）活动研修

1. 研修主题

名师工作室活动研修以自主研修、小组研讨等线下集中形式，引领成员反思自身成长历程，提高师德修养，强化自主研修意识，建构自身实践性知识，促进自身的学习。主题的选择关系到内容的合理性，关系到研修成果的有效性，所以，工作室的研修主题指向教育教学存在的实际问题，以此保证研修目标的实现。工作室结合教师的个人能力、自身的学科特点及教学中的问题确定了研修主题（表 10.6）。

表 10.6　汤晶工作室活动研修示例

研修主题	研修目标	研修形式
反思与觉醒——教师的个人知识能力	提高对新课程的认识，提升教师的个人知识能力，强化教师的教学反思能力	线下：读书沙龙 线上：在线交流
如何在小学信息技术学科教学中落实核心素养	紧抓核心素养的课堂，提升教师落实核心素养的能力	线下：课堂教学 线上：网络研讨
小学电脑绘画主题式教学实践课程的开发	提升教师的课程开发能力，成为课程的设计者与资源的开发者	线下：课程开发 线上：网络研讨

2. 研修流程

通过活动开展，使成员了解研修流程，在碰撞、交流、研讨中分享智慧、解决问题，实现教师团队共同成长。通过"确定研修主题—网上主题研讨—开展实践活动—总结研修成果"的流程（图 10.4），实施活动研修。

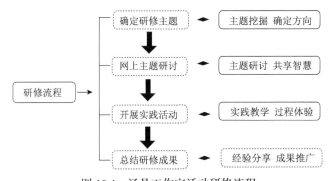

图 10.4　汤晶工作室活动研修流程

在确定研修主题阶段，主持人和成员共同提出在教育教学中急需解决或有困惑的问题，形成研修方向，主持人根据研修主题确定活动形式；在网上主题研讨阶段，主持人在平台"在线交流"模块发布研讨主题，成员收集与主题相关的资料文献，对主题进行分析和理解，挖掘能体现主题的亮点和问题，研修组长组织小组成员分组讨论，并在"在线交流"模块进行研讨，发表自己的观点；在开展实践活动阶段，遵循"三实践二反思"的课堂模式（图 10.5），组织成员进行线下（本校上课）—线上（利用平台"网上评课"模块观看实录）—线下集中观摩课堂教学实践活动；在总结研修成果阶段形成经验，上传到平台的"研修成果"模块中，并在全区进行推广。

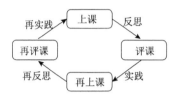

图 10.5 "三实践二反思"课堂模式

四、保障体系

（一）组织保障

和平区教育研究中心高度重视项目推进工作，中心党委书记总负责，成立试点项目工作小组。电教、教研、科研、培训等相关部门密切配合，按照各项工作时间节点，确保该项目顺利实施，并能持续有效健康发展。

（二）制度保障

设立项目例会制度，每月定期召开项目推进会，由各试点负责人汇报工作进展情况及遇到的问题，推进项目的顺利实施。

设立一对一跟踪指导制度，由和平区教育研究中心信息化研究部成员一对一跟踪指导试点负责人，提供技术支持及应用服务，并定期掌握各组完成情况，推进工作有序落实。

（三）经费保障

和平区教育研究中心设立项目专项经费，主要用于邀请国家、省、市专家进行项目论证、实地指导及相关培训，同时，加强经费使用的监督与管理，保证项目顺利实施。

（四）技术保障

和平区选择沈阳教育资源公共服务平台作为和平区开展主题式区域研修活动的平台，工作室具备集体备课、教研活动、网上评课等功能；同时，和平区教育研究中心信息化研究部针对平台的使用、教研活动的开展、名师工作室的建设等进行深层次的培训。这些都为网络名师工作室进行主题式区域研修提供了支持和保障。

第四节　案例特色与创新

名师工作室是当下区域研修非常流行的一种研修方式。在各地，名师工作室有不同的组织形态。很多名师工作室是一个线下的组织机构，有实体办公室，也有相应的淘汰考核机制。和平区的名师工作室虽然也有线下的固定组织，但它同时具备网络研修空间，为教师提供线上研修的"教室"。相比于线下研修，名师工作室开展的基于网络的线上研修往往人员结构和研修管理较为松散，研修效果很难保证。

本案例中的汤晶名师工作室精心设计了研修主题，根据不同的研修主题，按照不同形式的研修活动设计了不同的研修流程，让线上与线下研修高效结合，使得研修非常紧凑，有效保证了研修真实地发生，大大延展了研修的深度和广度。而且，工作室的人员组织、研修活动及研修机制等管理工作做得扎实而细致，已然形成了一定的研修模式，在区内带动了传统的名师工作室。越来越多的工作室主持人把研修活动从线下"搬"到了线上，让线上和线下有机结合，充分发挥名师的引领辐射作用，为团队教师专业发展提供了良好的组织保障。

第十一章

"3+1" 育人模式改革背景下信息技术支持的区域研修

实施地区：山西省太原市古交市
组织单位：山西省太原市古交市教育科技局
负 责 人：阎国强
主要成员：杨秀凤、阴剑芳、齐利峰

第一节 案例背景

古交市是山西省会太原市唯一的县级市，全市共有中小学校、幼儿园 71 所，在校学生 34 939 人，教职工 3140 人。古交市教研科研中心（简称教科研中心）共有专兼职教研员 25 人，涵盖中小学各学段、各学科。

古交市教育科技局（简称教科局）依托"义务教育薄弱学校改造""义务教育学校标准化建设""全面改薄""义务教育发展基本均衡县评估认定""智慧型校园建设"等工作，为学校购置了大量的设施设备，教育信息化装备配置水平有了大幅度的提升：实现了专任教师一人一机，所有学校的带宽达到 100M；实现了"校校通"，装备了交互式多媒体 669 个、点对点录播教室 3 个。2017 年 8 月，古交市政府招标采购了杭州"学乐云"智慧教育云平台，实现了优质资源"班班通"。借助"学乐云"平台，古交市要求义务教育阶段学校教师注册个人网络空间，市直学校和乡镇中心校科任教师已全部完成注册，义务教育阶段学校网络空间"人人通"开通比率达 100%。

教育的飞速发展对教师的专业发展提出了更高的要求。然而，在开展教师研修工作的过程中，古交市仍面临着以下困难：教研员听评课任务重，频繁奔走于各学校，但仍然只有少数教师能享受一对一的指导；在常态听课中发现的优秀课例或典型问题无法进行真实记录、回放、研究；教学研究课、展示课等现场教研活动组织成本高；区域优质教育资源的共建共享亟待更多模式的探索；教研员的信息化能力培养、教学理论提升、综合能力进阶缺乏通道。

针对教师研修工作面临的困难，古交市借助信息化手段，从源头——教研员开始，加强信息化能力培训，引入先进的教学理念、专业知识与操作技能，构建区域研修教研平台，帮助众多教师摆脱凭个体狭隘经验学习和工作的状态，由独学无友的学习状态，进入自主开放、能够利用先进技术进行高效自主、合作学习的状态；转变教师的教育方法和理念，促使教师运用新的教育方法进行教育改革，促进信息技术与教师团队培养、教育应用的深度融合，推动古交市教师团队信息化能力水平的提升，最终提高全市的整体教学水平。

第二节　PASA 模式应用概览

依托教育部—中国移动科研基金 2017 年度项目"信息技术支持下的区域教研模式研究及试点"，古交市应用 PASA 模式，开展了"3+1"育人模式改革背景下信息技术支持的区域研修，具体应用如表 11.1 所示。

表 11.1　古交市"3+1"育人模式改革背景下信息技术支持的区域研修 PASA 模式应用

模型要素	应用概览
发展目标	围绕"3+1"育人模式改革中遇到的各种困惑和难题开展信息技术支持下的区域研修实践探索，推进古交市"3+1"育人模式改革的实施进程，打造"3+1"名师团队，发挥引领示范作用，最终促进"3+1"育人模式的融合创新发展
研修活动	项目实施期间，古交市开展了线上线下基于微课题、基于课例的研修活动以及名师工作室创建活动，通过在线实时对话和异步研讨，实现学区内、学区间教师的协同进步
组织保障	古交市采取学区制研修，由教科局负责统筹、协调和安排，教科研中心各学科教研员具体落实区域教师研修工作
制度保障	古交市制订了区域研修方案，严格按照研修流程的时间段开展研修工作，每两周将研修作业（或会议记录、活动简报等）打包发给指定教师，每月将研修开展情况进行总结，写好书面汇报材料向局领导汇报。研修活动结束后，由古交市教科局进行总结和表彰
技术保障	古交市区域研修充分利用信息技术手段来节约"时空成本"。日常交流工具使用微信或 QQ，区域研修网络平台使用华中师范大学教育信息技术学院开发的平台和阿里巴巴集团开发的钉钉软件，校本教研采用"学乐云"人人通空间平台和钉钉软件。教科局和各学校均设有平台管理员专人管理
质量评估	通过区域研修活动中生成的伴随式数据以及各项活动成果（教学论文、教学案例、微课视频资源等），使用"经验+数据"型评价方式，开展过程性评价和总结性评价

第三节　案例组织实施

近年来，随着教育的不断发展，古交市教学条件明显改善，城乡教育基本均衡，但这些远远不能满足当地人对更高更好教育水平的迫切需求，具体到教育领域内部，问题层出：教育理念严重滞后，教学手段没有及时跟进，学校缺乏特色，教师的积极性得不到有效调动，师资队伍建设迫在眉睫。经过认真地调研、分析和研判，古交市教科局着重围绕解决课堂的低效性、德育的微效性、教育手段的滞后性和学校低水平趋同性，全面启动了"3+1"育人模式改革。"3+1"中的"3"

指"学导练"课堂教学、"学乐云"智慧校园、"德慧智"国学教育，"1"指"特色校"创建。通过开展"学导练"课堂教学改革，初步形成了以学为主、变教为导、当堂训练的教学模式，促进学生积极主动地参与学习过程；通过智慧型校园建设，构建优质的教育资源平台，实现以人为本的个性化创新服务；通过"德慧智"国学教育培养学生良好的道德品质；通过"特色校"创建，适应新时代对各类特长人才的需求，将学校特色资源与学生的特长教育有机结合，实现对特长人才的基础培养。

改革是系统工程，教师是这个系统中的关键因素，从决策部署到精细实施，从教师培训到课堂实践，从推广示范到教学大赛，改革推进一环紧扣一环。

一、做好组织保障

基于教师研修现状，针对改革中遇到的实际问题，古交市采取学区制研修，由教科局负责统筹、协调和安排，教科研中心各学科教研员具体落实区域教师研修工作。

古交市按照"两河三川"地理位置等因素，划分为汾河、狮子河、屯兰川、原平川、大川五大学区，每个学区建立基于教学及研训的学科中心组，组长由学区聘用，实行动态管理。原则上初中的学科中心组以学科为单位，小学可分为语文学科中心组、数学学科中心组、综合学科（体艺音等）中心组，也可按学科分年级、分学段组建。市教科研中心成立学区研训工作指导小组，指导学区学科中心组集体备课、课题研究等研训活动的开展。

通过学区学科中心组，各学区内学校统筹安排教学工作，做到了学区内学校统一课程安排、统一教学进度、统一常规管理、统一检测考查。各学区根据需要设立学区教研机构，聘任兼职学科教研员，统一制订研训计划并组织实施。通过骨干示范、听课评课、试题研究、集体备课、同课异构研讨、校本课程研发、座谈交流、网上教研、教学检测，以及优秀管理案例、各学科优质课、优秀教学设计、学生优秀作业展示活动等方式，提升学区内教师的业务水平。

学区制研修极大地促进了学区内学校、教师、学生的发展，但是由于缺乏专业的区域研修平台，研修活动停留在学区范围内，各学区之间缺乏交流和互动，不利于区域研修水平的整体提升。古交市通过引进"学乐云"教学平台，组织开展基于教学平台的骨干教师培训和全员培训，统筹各试点校的"智慧课堂"听评课，利用平台伴随式数据的搜集整合，为区域教师研修提供真实、完整、准确、安全的决策性依据，帮助师生减负增效。目前各试点校已逐步将信息技术融入教学实践，开启了智慧校园管理模式，实现了以信息化促进教育的均衡化和现代化。

自教育部—中国移动科研基金 2017 年度项目"信息技术支持下的区域教研模

式研究及试点"工作开展以来，古交市作为试点之一，选取了混合环境下的微课题研修和线上线下相结合的课例研修这两种模式，以"3+1"育人模式改革为背景，由各教研员遴选区域学校的名师、能手、骨干教师形成研修团队，参与研修活动的各环节，根据自己团队的研修主题，严格按照研修流程的时间段开展研修工作，每两周将研修作业（或会议记录、活动简报等）打包发给指定教师，每月将研修开展情况进行总结，写好书面汇报材料向局领导汇报。研修活动结束后，由古交市教科局进行总结和表彰。

二、做好技术保障

古交市区域研修充分利用信息技术手段来节约"时空成本"。日常交流工具使用微信或 QQ，区域研修网络平台使用华中师范大学教育信息技术学院开发的平台和阿里巴巴集团开发的钉钉软件，校本教研采用"学乐云"人人通空间平台和钉钉软件，教研中使用的技术工具如表 11.2 所示。

表 11.2　古交市区域研修使用的技术工具

技术工具	在研修中的功能
微信或 QQ	交流沟通、发布通知
区域研修网络平台	按照定制的研修模式流程开展教研活动
钉钉	网络直播课、联播课、课程回看；网络教研（依托视频会议开展）、发布文件和通知
"学乐云"人人通空间平台	利用"网络空间"展示和分享教师优秀的网络教研资源，如教学设计、微课等

教科局和各学校均设有平台管理员。区域研修平台由华中师范大学教育信息技术学院提供技术支持。"学乐云"平台由杭州博世数据网络有限公司提供技术支持。钉钉软件由古交市联通公司提供技术支持。

各平台均采用云架构，避免了自建平台硬件重复建设造成的资源浪费，以及自建平台存在的网络安全隐患和维护压力。通过整体研发，底层架构全部打通，确保各应用高效互联互通。各平台由第三方服务商提供定期升级和维护，同时设有 24 小时客服电话，24 小时响应用户问题解答。

2019 年古交市申请了太原市城乡一体化"3+1"育人模式改革专项经费，用以奖励各校信息化的普及应用。教科局每学期对学校的信息化应用普及情况进行检查和考核，每学年评选 25 名"学乐云"教学标兵，并在教师节予以表彰和奖励。2019 年评选出 3 所市级"智慧校园"示范校，5 所学区级"智慧校园"示范校，挂牌并给以资金奖励（其中市级 5 万元、学区级 1 万元）。

三、区域协同研修

围绕古交市的"3+1"育人模式改革，结合学校及学区教育教学工作实践，古交市通过线上线下开展基于微课题、基于课例、基于工作坊、"师傅+徒弟"及送教下乡等研修模式，学区内跨越时空限制，使学区统一开展的研修活动得以延伸并辐射到整个区域，节约人力、物力、财力。通过开展线上线下相结合的"3+1"育人模式成果征集活动、"3+1"教学大赛等活动，打造"3+1"名师团队，以此推进古交市"3+1"育人模式改革的融合创新发展（图11.1）。

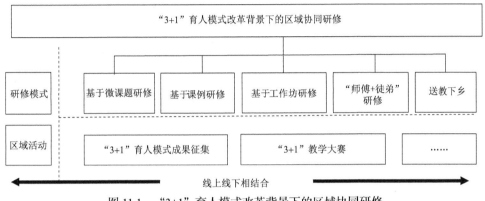

图 11.1 "3+1"育人模式改革背景下的区域协同研修

利用微信和钉钉的即时通信和资源分享的便捷功能，结合区域研修网络平台定制的研修模式流程开展混合环境下的微课题研修，创设了教师与教师、教师与专业人员等及时交流、平等探讨的网络学习空间，发挥教师在研修中的主体作用，启发教师根据自己在教学中发现的问题，选取本学科微课题研修的主题。这些主题"真实""微小""有意义"，比如"学导练模式下对完全平方公式的理解和灵活运用的再探索""谈诵读经典开启学生慧智头脑""运用微课提高初中信息技术项目学习效果的研究"等。

在对线上线下基于微课题的研修模式充分理解和准备的基础上，古交市组建了24个学科区域研修团队开展微课题研修（表11.3），促进了区域内优秀教师之间的交流和互动，整体提升了学科教研水平，形成了优秀教学论文和教学案例、微课视频资源、优质教学设计案例、"学乐云"空间应用等系列成果。通过研修，促进教师教育观念的更新，引导教师在学习中寻找方法，进入新的研究状态，在研究中解决问题，在反思中进步成长，有效地促进教师自身专业化发展，激发了教师的创新潜能，为区域研修注入生机活力，形成了"教学研一体化，以学促研，以研促教"的工作风气。

表 11.3 学科微课题研修题目列表

序号	学科微课题研修题目	序号	学科微课题研修题目
1	部编版小学语文课后题的解读与运用研究	13	基于核心素养的历史课堂教学研究
2	德育课程中的知识教学如何能通达价值	14	当堂达标检测的应用研究
3	谈诵读经典开启学生慧智头脑	15	谈诵读经典润泽学生心灵
4	转化思想在小学数学教学中的实践研究	16	语境理论在初中英语词汇教学中的应用研究
5	一年级科学学习活动有效性的实验研究	17	基于综合思维素养的初中地理教学研究
6	思维导图在小学牛津英语教材主题教学下的运用研究	18	（课例）物理课堂中实验教学研究
7	低段开放性识字教学的研究	19	使音乐欣赏课活起来的方法
8	初中语文统编教材七年级文言文文意理解策略研究	20	小学研学旅行综合实践活动课程实施的现状研究
9	初中道德与法治时事分析思维模式研究	21	利用乡土文化资源开发选编地方美术校本教材的研究
10	基于核心素养导学案的应用研究	22	运用微课提高初中信息技术项目学习效果的研究
11	数学课堂中几何激趣教学研究	23	制约校园足球活动开展的因素及解决办法的研究
12	学导练模式下对完全平方公式的理解和灵活运用的再探索	24	（课例）海底世界

　　独行快，众行远。为了推动区域研修工作的长远发展，古交市开展了基于课例的研修，选取 23 个课例（表 11.4）组建了 23 个课例区域研修团队，充分利用钉钉的网络直播、联播、回看、视频会议功能和区域研修网络平台定制的研修模式流程，以线上线下相结合的方式同步进行。在教研员的带领下，区域教师线上线下共同磨课，共同研讨，开展研修活动，提高教学设计能力，打造优秀课例，发挥引领示范作用。

表 11.4 基于课例的研修课例列表

序号	基于课例的研修课例	序号	基于课例的研修课例
1	四年级语文上册《盘古开天地》	8	七年级语文上册《秋天的怀念》
2	四年级道德与法治第五课《这些事我来做》	9	法不可违
3	如何做好课前三调	10	七年级生物上册《生物与环境组成生态系统》
4	五年级数学《平行四边形的面积》	11	《数形结合思想在数学教学中的渗透》
5	四年级科学《空气的性质》	12	八年级历史上册《新文化运动》
6	五年级英语上册 Unit 11 The journey of Little Water Drop	13	九年级化学《二氧化碳和一氧化碳》
7	六年级语文上册《桥》	14	七年级英语上册 Unit 3 Section A

续表

序号	基于课例的研修课例	序号	基于课例的研修课例
15	七年级地理上册《陆地和海洋——人类生存的基本空间》	20	八年级美术上册《静物画有声》
16	八年级物理《光的折射》	21	七年级信息技术项目四活动三素材加工
17	六年级音乐下册民族管弦乐《龙腾虎跃》	22	初中体育与健康：《制约校园足球活动开展的因素及解决办法的研究》
18	三年级道德与法治《交通安全伴我行》	23	浅谈小学生自主创新能力培养与信息技术的整合
19	五年级美术上册《学画抽象画》		

除了开展线上线下基于微课题、基于课例的研修以外，2019年，古交市教科局持续完善《关于组建名师工作室实施方案》，申请专项经费（每个工作室每年2万元活动经费），在现有幼儿园、小学语文、小学数学、初中语文、初中道德与法治五个学科名师工作室的基础上逐步覆盖小学、初中、高中全学科。工作室集教学、教研、培训等职能为一体，每个工作室设主持人1名、成员3—5名、学员10—20名、后备学员若干，采取个人申报、双向选择的方式组建。完成组建后，工作室将组成情况报古交市委人才工作领导小组审定后，由市委人才工作领导小组挂牌。工作室的主持人由省教学能手和正高级教师担任，成员由省市教学能手和学科骨干教师组成。工作室定期利用钉钉直播平台组织开展线上线下相结合的"3+1"育人模式改革教研活动，并与全市各学科教师研讨和互动、共享优质教研资源。同时，古交市教科局、教科研中心统筹组织教研员筹建线上名师工作室开展研修，在中国教师研修网共建设了18个线上学科工作室，定时上传"学导练"教学设计，分享教师优秀案例、视频以及外出培训学习资料等，建立教师交流的平台。名师工作室以现代"师带徒"培养模式，搭建了促进中青年教师专业成长以及名师自我提升的发展平台，打造了一支在教育教学领域中有成就、有影响的高层次教师团队，成为优秀教师成长的孵化器、教师队伍建设的助推器，为古交市教育改革发展作出了积极的贡献。

此外，已被评为特级教师，省骨干教师、课改先锋的教师要每月开展一次送教下乡活动，以此带动薄弱学校教师快速成长，进一步推进城乡一体化进程。

在一系列改革举措下，古交市积极适应新形势变化，从实际的困惑和难题出发，借助信息技术手段，打造"3+1"名师团队，推出改革先锋、示范标兵，生成一批优质研修活动成果，推进了古交市"3+1"育人模式改革的实施进程，最终促进"3+1"育人模式的融合创新发展。

第四节　案例特色与创新

　　"3+1"育人模式是在新形势下开展的教育改革，它从古交市教育的实际问题出发，通过"学导练"课堂教学、"学乐云"智慧校园、"德慧智"国学教育、"特色校"创建，探索区域教育协同发展的新路。

　　师资队伍建设始终是抓好教育工作的根本。如何构建一支师德高尚、业务精通、充满活力的教师队伍，就成了这场改革的"重头戏"。现代网络技术的发展为教师的研修、培训提供了更加方便有效的途径，更加有利于教师的专业化学习。利用研修平台进行研修和学习，突破了时空的局限，实现了教育教学资源的共建共享，为教师间的互动协作创造了良好的环境，使区域内学校和教师能够平等获取信息资源和对话交流，很好地解决"学导练"课堂教学、"学乐云"智慧校园建设、"德慧智"国学教育和"特色校"创建中遇到的各种困惑和难题，有力地推进区域"3+1"育人模式改革。

精简案例篇

  本篇介绍了 9 个 PASA 模式应用的精简案例，与典型案例不同的是，本章侧重于从区域研修整体层面介绍区域研修的组织管理。本章各个案例分别从案例背景、案例组织实施和案例实施效果三方面展开。

第十二章

基于专递课堂的"431"区域研修

实施地区：江西省赣州市章贡区
组织单位：江西省赣州市章贡区教育体育局
负 责 人：陈旭军、苏丽华
主要成员：王涛、周围、蔡克难、刘彦慧、罗蔚、伍群文、李正发、李素平

第一节 案 例 背 景

章贡区是江西省赣州市主城区，是全市政治、经济、文化、信息和交通中心。全区共有中小学校53所，在职中小学教师4028人，在校学生73 555人。

近年来，章贡区教育体育局（简称章贡区教体局）统筹投入资金改善信息化应用生态环境。2017年，全区实现所有中小学"校校通""班班通""人人通"全覆盖，全区师机比达到1∶1；建有27个精品录播教室，并实现互联互通录直播；2018年，全区34所农村中小学实现"专递课堂"全覆盖；2019年，建成教育城域网，各学校出口带宽达到500M以上，农村教学点均达到200M以上；2020年，人工智能教学进入课堂，建设高质量迭代"班班通"；2021年，全面推行智慧作业和大数据精准教学，架构了信息化应用"云—网—端"模式，并探索教学闭环应用。

章贡区教研室定时集中开展分学科分片区的线下区域研修活动，采用主题讲座、课堂观摩、集中研讨等多种形式，获得教师广泛好评。但章贡区区域面积大，学校分布广，教师路途往返耗时很长，参与区域研修困难大，同时，受活动场地限制，区域研修人员有限，活动成果无法实现全覆盖，尤其是偏远地区学校很难享受优质及时的区域研修成果。而且，活动前的组织、活动中的开展、活动后的资料整理都需要大量人力物力，活动管理成本较高。

第二节 案例组织实施

一、发展目标

为贯彻落实教育部《教育信息化2.0行动计划》，坚持问题导向和目标导向，依托教育部—中国移动科研基金2017年度项目"信息技术支持下的区域教研模式研究及试点"，章贡区旨在通过城乡学校集群发展，以打造高效的专递课堂为先导，以名师课堂网络研修为主线，充分发挥全区现有优质教育资源丰富的优势，打造区域研修"431"章贡模式:"4"指线上线下相结合的课例研修、教师工作坊支持的主题研修、混合环境下的微课题研修、直播课堂支持的同侪研修等四种研修模式;"3"指课前备课精准化、课堂教学智能化、课后拓展个性化"三段式"泛在化教学教研模式,为区域研修提速增效;"1"指打造一个网络学习空间,提升区域研修的成果,推进区域城乡教育一体化优质均衡发展。

二、研修活动

章贡区以"强校+弱校""一校+多校"模式,将全区 4 个乡镇 27 所村小、教学点与城区名校联姻,组建起由名校名师牵头的四大城乡校际联盟教育发展共同体(图 12.1),一所名校对接帮扶 3—5 所农村薄弱学校,每个发展共同体按学科组建 30 多个名师工作坊。以名师为引领,学科为纽带,章贡区基于专递课堂,开展了教师工作坊主题研修、课例研修、同侪研修、微课题研修、"三段式"泛在化教学教研等不同类型的区域研修活动,以促进教师专业发展,提升区域教育教学质量。

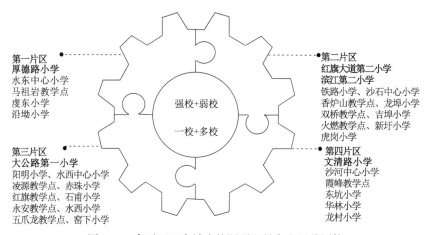

图 12.1 章贡区四大城乡校际联盟教育发展共同体

（一）基于专递课堂的教师工作坊主题研修

依托章贡区 30 个区级名师工作室,以信息技术为支撑,通过专递课堂"同课表、同老师、同步学",有效解决农村学校专业师资力量薄弱的难题,实现区域教学教研共生共长。主要过程包括坊内讨论、确定主题、专递共备、多端专递、专递研讨、案例修改、反思总结（图 12.2）。具体分为三步:第一步,通过"专递共备",开展坊内讨论,确定研修主题,主课堂由名师牵头,分课堂由农村教师参与,改变传统备课模式和备课内容,强化课前专递集体备课,形成专递课堂的"多师一案";第二步,每一位参与工作坊主题研修的教师通过"多端专递"开展教学实践;第三步,课后围绕主题进行"专递研讨",在工作坊的支持下修改案例,带动农村学校教师教学教研能力的提升。

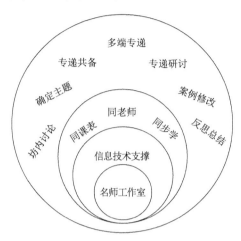

图 12.2　章贡区基于专递课堂的教师工作坊主题研修

（二）基于专递课堂的课例研修

以课例为研修对象,参与者采用线上线下同课异构的方式,实现课例研修品质的提升。具体为"八步骤":研修方案讨论、线上一次备课+线上教学研讨、线下一次试教+线下团队帮扶、线上二次备课+线下课例修改、线下二次试教+线下观察分析、专递课堂+在线交流、在线评课+线上微讲、线上研修报告+线下反思总结(图 12.3)。

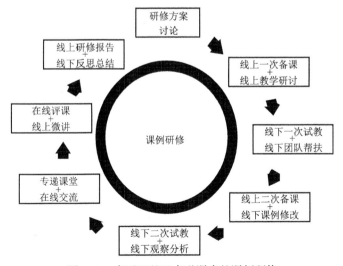

图 12.3　章贡区基于专递课堂的课例研修

（三）基于专递课堂的同侪研修

学校积极发挥名师工作室的作用，用一带多或一对一的方式，按学科组建网络教研团队进行同侪研修。四步操作流程为：确定主题，空间研讨；线上发起，空间共备；直播观摩，空间交流；研讨总结，空间展示（图 12.4）。来自不同校区的学科教师通过观看直播、在线交流，对同一个教学问题、教案、课件的优化或自己的教学设想等进行即时、同步、精准的沟通。名师空间中的备课、磨课、定稿、上课的教研实践，让城乡学校"同老师、同课表、同步学"，有效促进课堂教学改革，提升教师的课程领导力和教学技艺，加快实现城乡教师专业成长同步走。

图 12.4　章贡区基于专递课堂的同侪研修

（四）基于专递课堂的微课题研修

基于信息技术贯穿教育教学过程带来的变革，章贡区坚持问题导向，积极探索区域研修的新变化，充分应用信息技术，开展基于专递课堂师生互动教学、信息技术支持下网络区域教研、基于专递课堂提升农村学校教学质量等实践研究。目前，有 22 个课题成功申报江西省电化教育馆课题研究。

（五）基于专递课堂的"三段式"泛在化教学教研

相对于传统课堂及教研活动而言，专递课堂面对的是多个教室、数倍于常规班额的学生，学情复杂多样。为破解难题，章贡区采用"城区优秀教师主教、农村教师在当地课堂助教"，扎实探索基于专递课堂的课前备课精准化、课堂教学智能化、课后拓展个性化的"三段式"泛在化教学教研模式（图 12.5）。

1. 以提升城乡教师预设与生成能力为目标，创设协同备课模式

备好课是上好一节课的关键，更是教师专业成长的根基。章贡区通过组建以学科名师为主持人的专递课堂与区域研修团队，从改变专递课堂备课模式入手，按照"教师个人初备→城乡教师交流同备→团队共同研课→名师在线主导→形成原创性教学资源包"的规程，变一人备课为主课堂教师牵头、分课堂教师集体参

与，强化课前集体备课，充分利用省平台网络学习空间支持多样化备课的优势：①要求教师进行学情分析，把握课堂教学的基点，利用网络学习空间的海量教学资源进行初次备课，在省平台名师工作室"教师研修"板块上传教案；②要求城乡教师各自根据课程标准，进入网络学习空间备课板块搜索备课资源，同步备课，形成备课初稿；③研修团队全体教师针对上传的教案和备课资源，运用空间各抒己见，协同备课；④名师工作室主持人发起在线研讨，解疑答难，进行针对性辅导，经过充分的线上研讨，达到团队全体教师对课程标准、教材把握、教法预设的认知、认同、内化和提升，促使专递课堂下的研修团队的每一位参与教师做到"三个熟悉、两个掌握"，即熟悉各校学情、熟悉教材内容、熟悉教学环节、掌握教学要求、掌握助教要领，实现教师分析教材、预设教法能力的整体提升，确保专递课堂研修的有效实施。

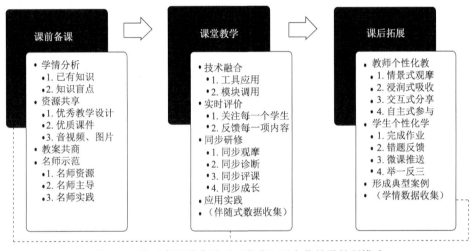

图 12.5　基于专递课堂的"三段式"泛在化教学教研模式

2. 以提升城乡教师交互生成、驾驭课堂能力为目标，创新课堂教学研修方式

课堂是教学的主阵地，学生求知的主战场。章贡区立足课堂，积极探索"空间+专递+教研融合课程"的课堂教学教研模式，组织研修团队教师按照"现场授课→远程观摩→实时点评→课后说课→评课交流→空间展示"的方式，着力提升专递课堂下主教教师与助教教师交流互动、协同执教、驾驭课堂的能力：①着力提升教师信息化教学能力，引导教师在专递课堂上熟练掌握和应用网络学习空间、"赣教云教学通 2.0"和"江西智慧作业"等智能化教学软件，调动多种信息技术手段，实现教学的即时化、可视化、情境化，打造智能高效课堂；②强化各分课堂助教教师在课堂教学每一个环节的即时配合和即时反馈，要求助教教师根据教学预设进行过程辅导、鼓励参与、作业拍摄等工作，及时展示学生的学习成果，做到课堂板演同步、学生练习同步、教师点评同步，确保主课堂教师及时掌握学情，在多个课堂的师生同步交互过程中进行有效的动态调整，让有价值的教育教学活动生成、发展、延续，引发学生主动参与和探索的欲望，继而有效引导学生主动进行新知识的探究活动，使教学更贴近学情、指导更精准有效；③参与教研的教师实时查看为专递课堂加装的智能行为分析系统所呈现的数据，对教师的授课情况和学生的学习表现在名师空间进行实时点评；④课后在名师工作室主持人的组织下开展线上线下的教研活动，教师进行说课，工作室成员根据空间里的点评交流互动、答疑解惑；⑤在区域研修结束后，将教学成果上传至空间形成过程性资料，便于师生浏览、学习、交流。

3. 以促进个性化学习、集群化成长为目标，创建教师课后拓展模式

课后拓展不仅仅是传统课堂教学的延伸，在"互联网+"的背景下，课后拓展更是一个助力教师个性化学习、集群式成长的手段。章贡区充分发挥"信息引领、专业互助、交流研讨、共享发展"作用，通过教师"上传原创性教学资源包→定期浏览→互动交流→撰写心得"的方式，引导教师通过网络空间"教学研讨""教师研修""在线交流"等板块展示和交流教师个性化学习成果，分享优秀教学资源和自身的教学成果，探讨教学疑惑，学习优秀教学经验，促进年轻教师反思进步，提升自身专业能力，实现集群化成长的目的。

"课堂小天地，天地大课堂"，章贡区立足课堂，延伸课外，通过信息技术将名师讲堂引领下的主题探究、德育课程、个性特长、智慧作业架构在网络平台，为兴趣相同的师生提供一个无边界的教室，让师生在网络学校集群化学习成长。

三、组织保障

基于专递课堂的"431"区域研修已形成了"局长挂帅、电教牵头、教研跟进、师训保障、学校落地、督导考核"多部门协同推进模式，架构起部门联动的长效机制。区电教室负责协调各部门各单位推进工作并提供技术保障；区教研室负责线上研修计划和研修活动的指导；区教师进修学校负责组织相关的培训；各中小学围绕研修主题，开展或参与研修活动，在全区推广应用"431"区域研修组织模式；区教育督导室将区域研修信息化应用纳入学校办学水平督导评估体系，实行定期督导考核。

四、制度保障

为保障基于专递课堂的区域研修顺利开展,章贡区出台了《关于加快推进教育信息化工作的实施意见》《关于深入推进教育信息化工作的实施方案》《章贡区教育城域网建设方案》《章贡区基于"专递课堂"下的区域网络研修实施方案》《章贡区学科带头人和骨干教师评选管理办法》等有关文件。

五、技术保障

章贡区区域研修活动主要依托江西省教育资源公共服务平台的网络名师工作室、网络学习空间和赣教云直播平台。江西省教育资源公共服务平台由江西省电化教育馆技术部主管,由科大讯飞股份有限公司运营,具有良好的技术条件和硬件保障;同时,章贡区区域内的教育视频平台和录直播系统为研修活动的开展提供了技术支持。

六、质量评估

为保障区域研修质量,章贡区同步上线"专递课堂与区域研修"常态化考核平台,实行"每课一反馈、每月一汇总、每学期一总结、每学年一表彰"的常态化管理模式,通过对平台数据的对比和分析,有针对性地对教学的质量和研修活动开展情况进行调研。

第三节　案例实施效果

一、提高了农村教师信息化应用水平,推进区域均衡发展

通过基于专递课堂的"431"区域研修实践,2019 年城乡师生参加各级各类活动的获奖率由 2018 年的 6%提高到 15%,获奖人数增加 109 人。村小、教学点 5 人次在全区教师信息化应用大赛中获奖,更可喜的是由于优质教育资源的专递,

农村学生回流的良好态势出现，水西凌源小学的学生数由原来的 20 多人增长到 43 人。

二、发挥了网络学习空间的优势，加速教育信息化步伐

《教育部等十一部门关于促进在线教育健康发展的指导意见》中指出："在线教育是运用互联网、人工智能等现代信息技术进行教与学互动的新型教育方式，是教育服务的重要组成部分。发展在线教育，有利于构建网络化、数字化、个性化、终身化的教育体系，有利于建设'人人皆学、处处能学、时时可学'的学习型社会。"章贡区大胆将网络学习空间作为推进四种研修模式、实施"三段式"教学教研模式的平台，利用网络学习空间解决时间、空间和成效三个维度的困惑，空间应用实现了线上线下相结合，空间与专递课堂同侪研修相支撑、名师工作坊与虚拟名师空间相统一，空间支持自主、合作、探究学习，促进教学方式从以教为主向以学为主转变，从单一、被动的学习方式向多样化、个性化的学习方式转变。空间研修促进教育资源供给模式创新，推动教师备课、授课、学习指导等日常教学活动的改变，形成以空间为平台，连接专递课堂两边师生的教学研修新模式。实践研修充分利用网络学习空间进行共研、共商、共建、共享，大幅度促进城乡学校教师共成长，为实现有质量的公平教育提供了实践平台，加速了通过教育信息化实现教育现代化的步伐。

三、提升了全区整体教育质量，促进区域优质发展

据统计，章贡区教师开展网络备课 133 708 次，备课成果数 1 118 436 个，师均备课成果数 298 个，教师发表文章 64 767 篇，师均 23 篇。章贡区也相继成为全国 35 个"信息技术支持下的区域教研模式研究及试点"项目试点地区之一、获评全国 40 个"全国网络学习空间应用普及活动优秀区域"之一、获评教育部 2019 年全国 20 个教育信息化教学应用实践共同体之一，均为江西省唯一单位；"共享课堂跨时空 区域研修架金桥——章贡区基于专递课堂的区域研修探究"入选全国基础教育信息化应用典型案例；章贡区大公路第一小学荣获全国"网络学习空间"培训基地学校，并于 2019 年 12 月举办教育部 2019 年全国中小学校长"网络学习空间人人通"专项培训，来自湖北、河南、安徽、内蒙古等地的 260 余名中小学校长参加；红旗大道第二小学、大公路第一小学等 6 所学校获评江西省首届数字（智慧）校园，教师在各级各类信息化竞赛活动中获奖 4000 多人次。

第十三章

成果导向显绩效　课题引领促成长

——信息技术支持下的区域"教、研、修"一体化发展实践探索

实施地区：浙江省宁波市镇海区
组织单位：浙江省宁波市镇海教师进修学校
负 责 人：尹恩德
主要成员：王敏文、朱志芬、孙正、林霓、伍丽、王雪建、王斌、蔡豪杰

第一节 案 例 背 景

　　浙江省宁波市镇海区位于中国大陆海岸线中段、长江三角洲南翼、东海沿岸，地理位置优越，经济态势良好。区内共有中小学 39 所，其中义务教育学校 32 所，普通高中学校（含完全中学）5 所，特殊教育学校 1 所，中等职业教育学校 1 所；共有在校学生 45 400 人，其中中小学生 34 923 人，高中学生 10 477 人；共有教职工 5018 人，各学科教研员 20 人，各学科兼职教研员 19 人。

　　区域高度重视教育信息化建设工作，2014 年实现了全区校园无线网络基本普及。2015 年，镇海区获得首届"全国教育信息化创新应用典范区域"优秀实践奖。2016 年，镇海区被列为中央电化教育馆"教育大数据分析研究"项目首批实验地区。2017 年，镇海区正式印发《镇海区教育局关于"十三五"期间全面推进"互联网+教育"的实施意见》，全面部署"十三五"教育信息化工作，启动"互联网+教育"行动。

　　全区中小学的数字化校园达标率 91.4%，优秀率 25.7%，电子班牌在中小学校的普通教室普及应用，建有创新实验室、学科教室的普通中小学占区域内学校总数的比例超过 84%，建有录播教室的学校比例超过 87.5%，全区中小学校生机比为 3.2：1，多媒体互动教学系统进普通教室率为 100%。

　　在教师研修方面，截至 2019 年 11 月，全区通过浙江省教师培训管理平台进行在职教师培训管理的教师数达 3917 人，自主选课培训项目的学分占总学分的 68.69%，教师自主选课后实际参训率为 99.91%。经过多年的发展与积淀，结合区域教育发展与教师队伍实际，镇海区逐渐形成了比较完备的区域教师培训体系。培训对象覆盖从高中到幼儿园全学段所有学科教师，包括在编、非在编教师，以及新教师、青年教师、名优骨干教师、班主任等各类群体；培训内容涉及学分结构指南中的所有领域，充分体现了培训对象的层次性、培训内容的丰富性、培训学分的多样性。在培训的基础上，宁波市镇海教师进修学校整合全区师训、教科、教研、教育技术等业务管理服务部门，形成多功能一体化办学实体，不断优化师训机制，强化校本研修指导，区域统筹培育先进典型，推广先进经验，促进校本培训可持续发展。

　　随着教育形势的发展和课改的推进，在新的历史条件下，镇海区区域研修机制不断创新，在提高研修活动内在质量上下功夫，与教师培训有机融合，力求使大型教学研讨活动更具学术性、启发性、引领性。各学科研修逐渐树立品牌意识，在继续扶植薄弱学校的基础上，加强对学科优势学校的培植，以学科优势学校为依托，发挥他们的辐射引领作用，拉动区内学校的学科教学研究，促成学科有效教学的推广运用。同时，加强研训员研究力的培训，提高其研究能力，使教研工作的研究性、探索性得到加强，探索有效教学的新途径、新方法、新策略，并通过研修活动予以展示、推广、运用。

第二节　案例组织实施

一、发展目标

镇海区以课题研究为引领，以成果为导向，实施项目化管理，联合师训、教科研、教育技术等多部门，协同组织开展区域研修活动，形成一批优秀研究论文、数字化教学设计、教学课例、教育教学典型案例等，提炼具有镇海特色的"师训、教研、教科、技术"一体化研修模式，形成适合学校教师成长的可持续发展机制体制。

二、研修活动

在镇海教师进修学校的组织下，在教育部—中国移动科研基金 2017 年度项目"信息技术支持下的区域教研模式研究及试点"中，镇海区参与了线上线下相结合的课例研修、教师工作坊支持的主题研修、混合环境下的微课题研修、直播课堂支持的同侪研修等四种模式的实践。在线上线下相结合的课例研修模式中，参与学校 17 所，参与教师 93 人，组织研修活动 52 次；在教师工作坊支持的主题研修模式中，参与学校 4 所，参与教师 102 人，组织研修活动 16 次；在混合环境下的微课题研修模式中，参与学校 10 所，参与教师 55 人，组织研修活动 32 次；在直播课堂支持的同侪研修模式中，参与学校 9 所，参与教师 35 人，组织研修活动 102 次。

（一）线上线下相结合的课例研修活动

课例研修是镇海区中小学教师最主要的研修模式，通过线上线下相结合的课例研修可以快速提升教师的教学能力。镇海区以"准备阶段—教学设计阶段—团队打磨阶段—反思总结阶段"为基本流程。在准备阶段，各参与成员组建团队、确定主题以及制订研修计划；在教学设计阶段，团队成员分别进行教学设计，但准备教学设计的所有备课资源、参考课例的文档和视频统一放到共享网络空间当中，综合形成一个用于实际的教学设计；在团队打磨阶段，由一位教师上课，其他成员分工进行课堂观察，提出修改意见，反复进行课例的打磨；在反思总结阶段，团队成员总结研修的得失，形成研修总结和研修报告。具体方法如图 13.1 所示。

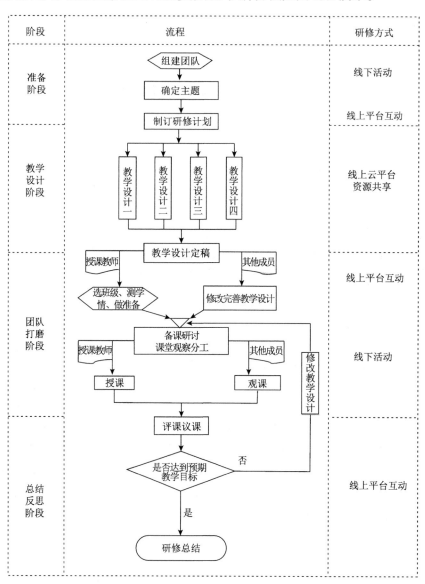

图 13.1　线上线下相结合的课例研修活动实施框架图

　　线上线下相结合的课例研修活动的实施，提升了教师成长的起点。以研修的教学设计作业作为基础，在教学中设计一个数字化教学引入的专题，例如，尝试运用语音软件，对有声朗读的语文教学进行优化。线上线下相结合的研修主题，更有利于研修团队的扩充与发展，充分利用网络课例资源的优势，充分利用碎片化时间，这对年轻教师的成长非常有帮助。

（二）教师工作坊支持的主题研修活动

该研修活动以提升学校教师执教能力为目标,在名师的引领下进行研修活动,分为线上研修和线下研修两部分。通过名师的引领与示范，开展深层次的学习交流活动，营造学员参与的情境，让学员积极主动地、创造性地介入活动中。具体方法如图 13.2 所示。

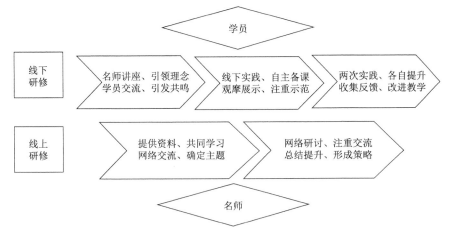

图 13.2　教师工作坊支持的主题研修活动实施框架图

教师工作坊支持的主题研修活动的实施，为教师在网络环境下的协作学习创造了一个良好的互动式环境，调动了教师研修的积极性，激发了教师研修的主动性，保证研修内容与教学实践相联系，真正促进一线教师教育教学能力水平的提升。尤其是名师引领下的教师工作坊的组织形式，更加开放和共享，成员之间更具自主性和平等性，在促进教师专业成长上具有明显的优势。

（三）混合环境下的微课题研修活动

为做好试点工作，镇海区共有 11 项课题立项为"信息技术支持下的区域研修与同步课堂建设"专项课题，从而推进"教、研、修"一体化发展。研修团队从确定课例开始，使用腾讯文档进行协作备课，让分布在不同区域的教师对同一份教案设计进行评议、修改。使用钉钉进行群内教学直播，让不同区域的教师通过弹幕对课堂教学直播发表评课意见。使用录屏软件，将弹幕评课与视频整合在一起，方便回放查阅评课信息。具体方法如图 13.3 所示。

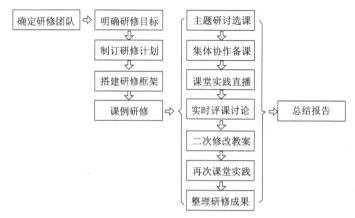

图 13.3　混合环境下的微课题研修活动实施框架图

混合环境下的微课题研修活动的实施，提升了教师的信息技术运用能力和协作意识，解决了教研活动全面性不够、教师参与度不高、凝聚力不强等问题。通过群直播课堂教学和弹幕评课，融合线上与线下的混合式教研活动方式，有利于进一步提高年轻教师的教学业务能力。

（四）直播课堂支持的同侪研修活动

镇海区通过学校结对的方式，开展直播课堂支持的同侪研修模式探索。以镇海区中心学校与镇海区澥浦中心学校的直播课堂为例，通过结合青年教师成长、农村学校师资均衡化发展的情况，形成同侪互助环境，以直播的方式通过 PDCA（制定教学设计—开展教学实践—进行校际研讨—总结改进再进入下一轮）循环互动研修，开展互助启发式的校际研修活动，提高教师的理论水平和实践能力，培养教师的全面教育教学水平。研修过程管理流程如图 13.4 所示。

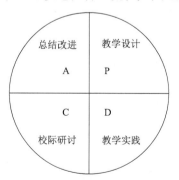

图 13.4　PDCA 研修过程管理流程框架图

积极开展直播课堂支持的同侪研修活动，有利于实施城乡互助启发式的校际研修，进一步丰富教学情境、提升教学效果，同时逐渐形成大量的过程性资料与成果，给青年教师的快速成长、区域师资均衡化发展带来帮助，并进一步促进优质教育共享和教育公平。

三、组织保障

为做好教育部—中国移动科研基金 2017 年度项目"信息技术支持下的区域教研模式研究及试点"工作，镇海教师进修学校成立了"信息技术支持下的区域教研模式研究及试点"项目镇海区试点领导小组及工作小组。由教师进修学校校长王敏文担任领导小组组长，副校长尹恩德担任领导小组副组长。工作小组由尹恩德全面协调师训、教研、教科、教育技术等各个业务部门，多部门协同保障项目实践及研究经费，组织开展相关工作，力图提炼形成信息技术支持下的具有镇海特色的培训、教研、科研、技术一体化的研修模式，形成适合教师快速共同成长的可持续发展机制；创设更具研修效率的网络学习空间的组织和管理方式；形成一批优秀的研究论文、数字化教学设计、教学课例、教育教学典型案例等优秀网络资源。

四、制度保障

镇海区通过区域文件或镇海教育资源公共服务平台发布通知等形式，以制度为保障积极开展项目试点工作，主要的制度文件有：①2019 年 3 月 21 日，网上发布《关于做好"信息技术支持下的区域研修与同步课堂建设"专项课题申报工作的通知》；②2019 年 3 月 29 日，发布《关于成立"信息技术支持下的区域教研模式研究及试点"项目镇海区试点领导小组及工作小组的通知》；③2019 年 4 月 3 日，网上发布《关于公布"信息技术支持下的区域研修与同步课堂建设"专项课题立项目录的通知》；④2019 年 6 月 26 日，网上发布《关于调整镇海区义务教育课改研究共生体学校名单的通知》；⑤2019 年 8 月 10 日，网上发布《关于填报"教师工作坊中教师的研修情况及心理感知调研"问卷的通知》；⑥2019 年 10 月 29 日，网上发布《关于做好"信息技术支持下的区域研修与同步课堂建设"专项课题结题工作的通知》；⑦2019 年 11 月 4 日，网上发布《关于召开区中小学"信息技术支持下的区域研修模式研究"项目研讨会的通知》。

五、技术保障

镇海区利用区域教学视频资源管理平台、镇海教育资源公共服务平台、互动云、高清常态化互动录播系统等软硬件开展试点工作，具体保障措施如下。

（一）日常技术运维

项目试点的技术保障工作由镇海区教育技术中心统筹运维，2019 年度重点进行镇海区教育系统校园网络升级改造（千兆到桌面）二期项目，采购网络安全设备"安全态势感知"平台，对区内中小学校教育网上网流量进行分析，确保镇海区基础网络环境，为项目试点的顺利实施提供基础运维保障。

（二）专项技术保障

为实践探索直播课堂支持的同侪研修模式，确保镇海区"城乡携手、同步课堂"试点工作的顺利实施，2019 年 4 月 18 日，镇海区成立了"互联网+义务教育"学校结对帮扶民生实事项目技术指导与支持工作小组。

技术组由镇海区教育技术中心及 9 所试点学校技术负责人组成，主要职责是："根据省、市、区相关'互联网+义务教育'中小学校结对帮扶文件要求，在项目建设及实施期间对试点学校进行及时的相关技术支持，负责授课（听课）教室设备和网络日常维护，协助和保障学校开展日常同步课堂的常态化应用，负责开课有关信息发布和资源上传。"

六、质量评估

镇海区以学生和教师为观测点，以相关量表为评价准则，对参与研修的教师进行量与质相结合的他评和自评，并且将教师的研修活动记录作为评价的依据，较为客观地反映教师的真实研修状态。同时，不仅集中反映了教师的研修态度、研修方法、研修成果，还具体反映教师在研修过程中存在的不足，为之后区域研修活动的开展提供宝贵经验和切实可行的思路。

第三节　案例实施效果

一、发挥了"四位一体"体制优势

镇海教师进修学校集"教师培训、教育科研、学科教学研究和教育技术"于一体，以"师训创优、科研先导、教研有方、保障有力"为工作理念，部门之间统筹兼顾，密切配合，形成合力，充分发挥"小实体、多功能、大服务"的功效，不断拓宽培训渠道，深化培训管理，促进学校管理者和教师全面素质的提高，促进基础教育的均衡优质发展。

二、形成了"在线资源"共享机制

镇海区建设了镇海教育资源公共服务平台，并和省市相关资源平台打通，初步形成网络化、数字化、个性化、终身化的教育体系；开设"网上课堂"栏目，制作学科专题讲座和微课，向区内师生定期免费开放；开设"数字化学习平台"栏目，制作中小学数字课本，开展数字化教与学的实践探索，促进信息技术与学科教学深度融合；开设"教师培训"栏目，便于各校（园）及时了解培训政策与要求，分享培训经验与成果。

三、优选了一批"研修基地"

镇海区确定多所办学理念先进、教师队伍整体素质高、积极推进课程改革并有适应研修需要基本设施的中小学作为研修基地。基地学校把承担研修实践指导工作当作教师成长历练、提升教学业务、拓展校际交流的良好契机，实现"输出"与"吸收"的双赢共进。此次试点应用从研修基地优选了 13 份研修案例。

四、开展"专项课题"创造经验

为进一步做好"信息技术支持下的区域教研模式研究及试点"工作，镇海区教育科学研究所、镇海区教育技术中心联合开展了"信息技术支持下的区域研修与同步课堂建设"专项课题申报工作。根据各单位申报情况，"生本理念下初中语文数字化教学策略研究"等 11 项课题被确立为"信息技术支持下的区域研修与同步课堂建设"专项课题。专项课题主要研究方向为信息技术与教育教学融合，践行"教师发展学校"理念，试点信息技术支持下的区域研修四种模式，创造镇海区试点经验，进一步形成信息技术支持下的"教、研、修"一体化发展模式，为中小学教师信息技术应用能力提升工程 2.0 项目提供整校推进的实践研修案例。

第十四章

信息技术支持下区域研修项目的
多维构建和管理

实施地区：四川省绵阳市游仙区
组织单位：四川省绵阳市游仙区教育和体育局
负 责 人：蒋世界
主要成员：赵雪君、龚智武、任远明、何金芬、肖长龙

第一节 案例背景

游仙区隶属于四川省绵阳市，有中小学 43 所，其中小学 29 所、初级中学 8 所、九年一贯制学校 3 所、完全中学 1 所、特殊教育学校 1 所、职业高中 1 所。游仙区有中小学教师 3000 人，在校学生 44 546 人，教学班 900 个。游仙区教师进修学校和教研室有专兼职教研员 23 名，其中中小学信息技术 1 名、幼教 1 名、小学 5 名、初高中 9 名、职业教育 1 名、艺体学科 5 名、心理健康 1 名。教研员均具有大学本科及以上学历，70%的教研员具有高级及以上职称，指导或参与国家级、省级课题 16 个。

游仙区教育信息化起步较早，区内学校已全部实现"三通两平台"建设。建成了覆盖全区所有教室及办公室的全光纤教育城域网，实现办公室或教室上下行 100M 带宽，专任教师全部配备计算机，师机比为 1∶1；建成了全自动录播教室 15 间、智慧教室 4 间、英语口语训练检测多网络教室 16 个。

近几年，游仙区尝试了"教师研训专家团队"、"课堂教学表演团队"、"名优教师帮扶团队"、"1+2＞3"教学视导、"教坛三人行"、"集体备课—集体听课—集体改课—再上课"等研修活动，积累了大量重实效、重效率的教师研训模式与手段，提升了教师教育教学水平和教育科研意识能力，游仙区连续五年在全市义务教育阶段办学质量综合考核中名列第一。不过，由于观念、机制等主客观原因，区域研修也存在着碎片化、点状化、行政化等问题，教师主动性没有得到有效激发，在一定程度上制约了教师参与研修的广度和深度，影响了教师研修的质量。

2019 年，游仙区被选为教育部—中国移动科研基金 2017 年度项目"信息技术支持下的区域教研模式研究及试点"试点地区。自 2019 年 3 月项目启动会开始，游仙区积极开展教学案例研讨、课堂观察分析等线上线下相结合的区域研修活动，以培养教师的教学设计能力、信息化教学能力，打造优秀课例，探索适合游仙区的信息技术支持下的区域研修模式。

第二节　案例组织实施

一、发展目标

依托本项目，游仙区开展信息技术支持下的区域研修实践探索，旨在积累一批可推广的先进经验和优秀教学案例、小专题研究案例，完善区域研修的机制和方法，实现研修理念和模式的创新，提升教师的教学设计能力、课堂教学能力和教育研究能力，实现区域教育质量的进一步提升，推动教育信息化融合创新发展，促使区域优质教育均衡发展。

二、研修活动

在试点中，游仙区组织开展了线上线下相结合的课例研修和混合环境下的微课题研修两种研修活动。线上线下相结合的课例研修活动共组织了 168 次，有 19 所学校的 1500 名教师参与；混合环境下的微课题研修活动共组织了 157 次，有 21 所学校的 1430 名教师参与。

（一）线上线下相结合的课例研修

游仙区线上线下相结合的课例研修活动主要由任远明老师牵头负责，指导区教研室和富乐实验小学、七一剑南路小学、五里路小学、小枧小学、徐家小学 5 所学校，组建成立游仙区课例研修团队，分别在小学语文、小学英语、小学数学、中小学信息技术等学科开展研修。游仙区课例研修团队依托 UMU 平台，在项目组提出的"三次备课、两轮打磨、两次上课"基础上，建立了"准备—自主设计—同伴打磨—实践反思—总结"的五阶段课例研修流程（图 14.1）。

游仙区线上线下相结合的课例研修活动形成了点、线、面三位一体的立体式网络研修推进管理机制，推动了该活动在游仙区的顺利进行。"点"的线上线下研修管理机制：以五个研修单位为主，健全以学科为阵地的线上线下课题研修机制（图 14.2）。"线"的线上线下研修管理机制：以区教研室、区教育技术装备站牵头，通过片区督导组，连接试点学校，三级联动，推动研究顺利进行（图 14.3）。"面"的线上线下研修管理机制：区教师进修学校和区教育技术装备站牵头，组建五个学校的网络研修平台，学科教研员进入，进行线上线下指导；组建魏城、沿江、城区三个片区联合网络研修平台，课题负责人和主研学校进入，指导课题研修实施，协调研修资源；以富乐实验小学、五里路小学为核心，组建其与帮扶对象的网络研修平台，学科教研员进入，进行线上线下指导（图 14.4）。

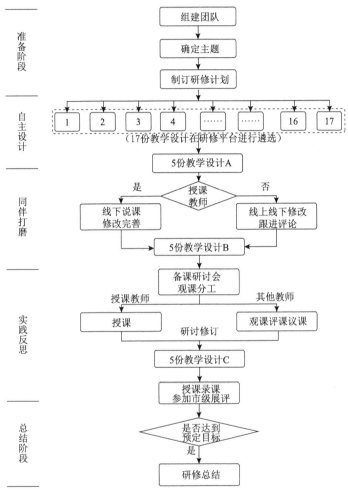

图 14.1　游仙区线上线下相结合的课例研修流程（以信息技术学科为例）

（二）混合环境下的微课题研修

游仙区混合环境下的微课题研修活动主要由何金芬老师组织富乐实验中学、富乐实验小学、七一剑南路小学、五里路小学、万达学校 5 所学校，在中学体育、小学语文、小学英语、小学数学等学科开展（图 14.5）。在研修中，游仙区注重以混合学习环境为支撑，以教育教学课题研究为依托，利用叙事研究、行动研究、案例研究等研究方法解决教育教学中的实际问题，提高教师的教学科研能力。研修基本流程包括 6 个环节，即组建团队、确定主题、制订研修计划、课题实施、课题总结和反思总结。与课例研修活动一样，混合环境下的微课题研修也形成了点、线、面三位一体的立体式网络研修推进管理机制、方式和内容，与图 14.2、图 14.3、图 14.4 类似，在此不再赘述。

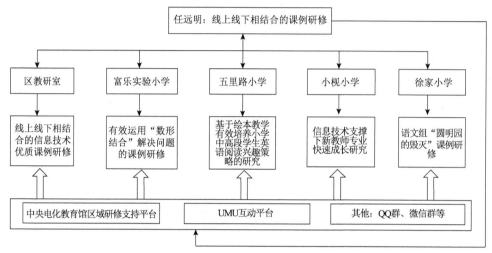

图 14.2　游仙区线上线下相结合的课例研修组织

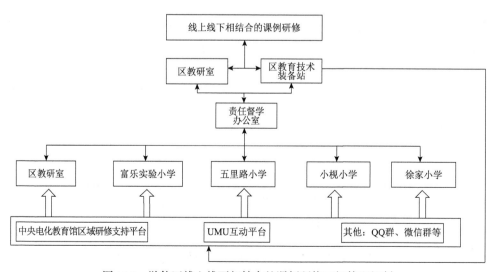

图 14.3　游仙区线上线下相结合的课例研修三级管理机制

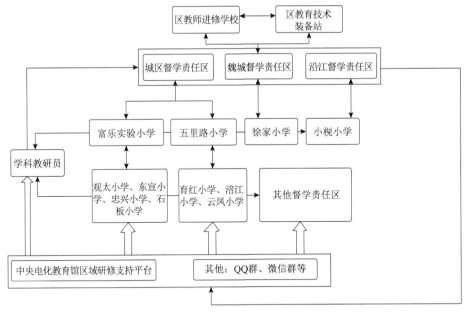

图 14.4　游仙区线上线下相结合的课例研修推进机制

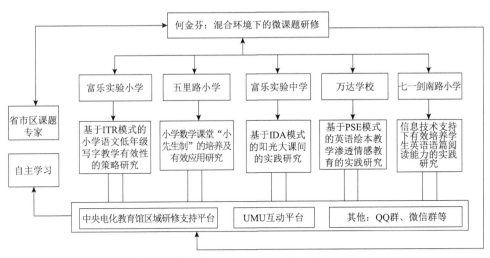

图 14.5　游仙区混合环境下的微课题研修组织

三、组织保障

为保障试点工作顺利开展，游仙区教育和体育局成立信息技术支持下区域研修项目管理领导小组，由游仙区教育和体育局蒋世界局长为组长，任远明、何金芬分别负责课例研修和微课题研修项目，龚智武、赵雪君、肖长龙、试点学校校长具体组织开展研修活动，各项分工如图 14.6 所示。

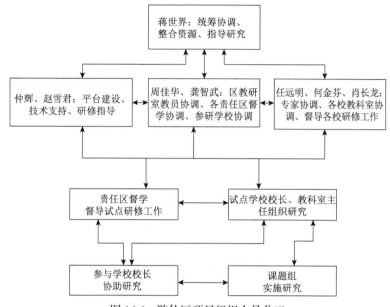

图 14.6　游仙区项目组织人员分工

四、制度保障

为了顺利推动试点工作实施，理顺培训指导、监督督查、组织管理、协调配合、效果评价等方面的关系，游仙区制定了《四川省绵阳市游仙区试点工作方案》《四川省绵阳市游仙区中小学教育科研工作评价指标》《四川省绵阳市游仙区小专题研究评分量表》《绵阳市游仙区中小学教研员工作岗位职责》《游仙区中小学教育科研工作考核表》《绵阳市游仙区责任督学的工作职责》《绵阳市游仙区教育信息化"十三五"发展规划》等七个管理制度，组成试点制度保障体系，确保试点有序、有效地开展落实。

五、技术保障

游仙区主要利用 UMU 互动平台、微信、QQ、游仙区云办公平台等信息化平台组织开展区域研修活动，并由专人负责技术维护，保持系统正常运转。

六、质量评估

游仙区结合过程性评价和总结性评价，采用自我评价、小组互评、专家评价等多种方式，从研修的参与性、互动性和有效性及学生学习效果等四个方面对研修质量进行评价，注重评价过程多元化、评价内容多元化和评价方式多元化。

第三节 案例实施效果

经过近一年的试点，游仙区从体制建构、制度建构和教师培养三个维度，建构了点、线、面相结合的分层、分科、全方位、多维度的研修管理模式，理顺了导、研、行、思的教师专业成长路径。从体制建构上，游仙区教育和体育局科学统筹协调试点工作，立足教师专业成长和立德树人工作，围绕试点目标，从人、财、物等方面给予试点研究保障。在制度建构上，游仙区教师进修学校从区域教育均衡角度，立足课堂和学生活动，从学科建设上给予课题人力资源支持，组织高校教师、省（市）科研院（所）专家、社会机构资源，系统设计试点方案，建构试点支撑平台，方便教师进行线上线下研究，保证试点研修工作顺利进行。在教师培养上，在区教师进修学校、区教育技术装备站、责任督学的指导下，区内各中小学联合开展试点研修，结合督导中发现的试点问题，及时调整研修方案，做好试点研修工作，提升教师专业素养，提升教师课堂教育教学能力，为学生全面发展，实现区域优质教育均衡，满足人民群众的教育诉求打好基础。

经过试点，参研教师的理论知识从模糊变得清晰，有效改进了教师工作行为，催生了一大批优质示范课例和微课题研究成果；学校各项工作均得到科学有序发展，游仙区立德树人工作取得显著成绩，义务教育教学质量综合评估稳居绵阳市第一名；涌现出市级学科优秀课例 32 个，区级优秀课例 200 个，先后有五名主研教师参加绵阳市优质课展评并获得一、二等奖，一个课题获得绵阳市二等奖；发表论文 50 篇，录制教学视频 8000 分钟，撰写教学设计 1267 份、撰写研修试点案例 11 个；涌现出了以游仙区教研室的《"322"课例研修的信息技术教学实践研究——以四川省绵阳市游仙区中小学信息技术学科为例》、富乐实验小学的《信息技术支持的微课题研修模式及应用——小学语文低年级写字教学有效性的策略研究》和五里路小学的《小学数学课堂"小先生制"的培养和有效应用微课题研修》为代表的优秀案例 10 个，其中，1 个教学案例获省级一等奖，9 个研究案例获区级一等奖。从研究成果中提炼并成功申报了 3 个省级课题、8 个市级课题、29 个区级课题。

第十五章

片区教研共同体支持的"互联网+"区域研修

实施地区：宁夏回族自治区石嘴山市惠农区
组织单位：宁夏回族自治区石嘴山市惠农区教研室
负 责 人：周兴杰
主要成员：张华、李英泉、韩娟、樊红娟、陈冬珍

第一节 案例背景

惠农区隶属于宁夏回族自治区石嘴山市,地处宁夏最北端。惠农区有中小学共 20 所,全区教师人数为 1391 人,学生人数为 12 345 人。有专职教研员 12 人,兼职教研员 10 人。惠农区近几年不断加大教育信息化建设力度,在硬件建设、网络建设、信息化应用等方面取得了一定成绩,2017 年惠农区首批通过了自治区教育信息化达标县验收。辖区内学校全部实现了宽带网络校校通、优质资源班班通、学习空间人人通。各学校信息化基础设备完善,学校出口带宽均达到 1000M 或以上,均实现了无线网络全覆盖,辖区 1391 名专任教师人手一机,计算机生机比为小学 5∶1、初中 6∶1。2019 年惠农区投资 400 万元建设 48 间多媒体教室,实现了多媒体教室学校全覆盖。

2018 年以来,惠农区全面启动并不断深入推进"互联网+教育"示范区建设和人工智能助推教师队伍专业发展试点工作,"互联网+教育"的局面全面打开。在这样的大背景下,惠农区以优质学校为依托,发挥优质学校在教研方面的引领示范作用,充分调动区域内名师、骨干教师的力量,构建了促进教师队伍专业发展的片区教研共同体。2019 年,惠农区被遴选为教育部—中国移动科研基金 2017 年度项目"信息技术支持下的区域教研模式研究及试点"的试点地区,依托该项目,惠农区通过片区教研共同体,组织开展线上线下相结合的课例研修、教师工作坊支持的主题研修和智课系统支持的同侪研修活动,以促进区域教师信息化教学能力的整体提升。

第二节 案例组织实施

一、发展目标

惠农区利用网络研修平台,采取线上研修与线下研修相结合的方式,以"互联网+教育"和学生创新素养提升背景下的教学方式转变为主题,以满足教师专业发展个性化需求为目标,通过八个月左右的时间,推动线上研修与线下研修结合、教学实践与教研培训结合的混合式研修,促进信息技术与学科教学深度融合,切实将学生创新素养教育落到实处。

二、研修活动

(一)线上线下相结合的课例研修

在"互联网+教育"背景下,教师的研修方式及研修效果发生了很大的变化。借助互联网和网络研修平台,惠农区教研共同体课例研修逐步由单一的线下教研向线上线下相结合的模式转变。惠农区市二十六小教研共同体由市二十六小、市九小、市三小、市十中小学部等 4 所学校组成。2019 年 3—7 月,市二十六小教研共同体的 40 位语文教师利用区域网络研修平台,围绕"创新素养教育背景下小学语文群文阅读教学的策略"这一主题,开展了线上与线下相结合的课例研修,促进了惠农区 4 所学校教师间的交流和发展,同时也探索出惠农区片区教研共同体在"互联网+教育"背景下区域研修的新模式。

惠农区线上线下相结合的课例研修活动包括确定主题、自主备课、同伴互评、设计修改、设计竞标、教学展示、线下研讨、反思、总结等九个环节(图 15.1)。首先,活动主持人确定研修主题,制订研修计划,组织研修教师线下自主备课,并开展线上讨论。然后研修教师根据讨论意见修改教学设计,主持人组织评选出优秀教学设计。最后由优秀课例的教师进行线下展示,开展观课评课活动。

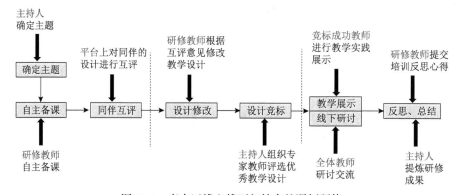

图 15.1 惠农区线上线下相结合的课例研修

（二）教师工作坊支持的主题研修

"互联网+"背景下，区域研修已经成为教师专业发展的助推器，能够增进教研的互动性和实效性。市二小教研共同体由市二小、市二十二小、市五小、市一小和市四小等 5 所学校组成。针对当前惠农区教师专业发展专家指导不够、骨干教师引领机制不健全等问题，市二小教研共同体组建了语文学科教师工作坊，以"如何利用信息技术在小学语文阅读教学中落实创新素养教育"为主题，以骨干教师为引领，通过线上专家课堂案例学习讨论、线下同课异构观摩活动，探索语文阅读课堂中渗透创新素养教育的方法和技巧，促进教师群体知识的建构和个人实践性知识发展。研修流程如图 15.2 所示。

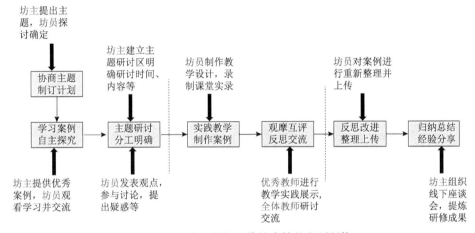

图 15.2 惠农区教师工作坊支持的主题研修

（三）智课系统支持的同侪研修

传统的教研模式及管理方式受时间和空间制约，组织管理难度大、成本高，参与面窄、效果受限，凭借经验交流、缺少数据支撑、资源难以共享，已经不能适应"互联网+教育"及人工智能时代教师个性发展的需要。惠农区以"基于课堂教学行为分析研究"为主题，借助智课系统、移动教研 App、直播平台等技术手段，以教研室牵头，组织市二小教研共同体、惠农小学教研共同体和市二十六小教研共同体，在小学数学和小学语文学科开展了同侪研修活动，全区 3000 多人在线观课，500 名教师参与在线评课。

惠农区开展智课系统支持的同侪研修活动主要分"优质校-薄弱校两校协同备课磨课上课""片区教研共同体观课评课""全区展示交流"三个阶段进行（图 15.3）。两校协同备课旨在以优质校带动薄弱校教师，形成同侪互助共同体。

片区共同体观课评课和全区展示交流，旨在通过二次、三次备课上课，由优质校教师带动薄弱校教师不断打磨教学设计，借助片区、全区广大教师的在线点评，不断提高薄弱校教师的教学水平。在三次备课、上课、磨课过程中，通过数据驱动、精准研修、多维评价等手段将"大众评价+数据分析+专家点评"和理论、经验、智能数据有机结合，实现从基于经验的判断转变为科学精准的诊断。

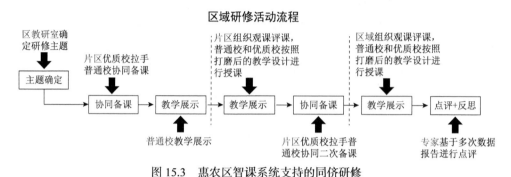

图 15.3　惠农区智课系统支持的同侪研修

三、组织保障

惠农区教育体育局成立了由局长任组长，分管局长和教研室主任为副组长，教研员及各学校校长组成的惠农区教育体育局信息化工作领导小组，主要负责教育信息化顶层设计、教师培训、教学科研以及具体执行。根据惠农区教育发展实际，由优质学校牵头组建了三个教研共同体，教研共同体下设工作领导小组，由惠农区教研室主任谢继财任组长，惠农区教研室教研员周兴杰任副组长，组员由惠农区教研室教研员及各学校教学副校长组成。在教研共同体的基础上，构建了校本研修、教研共同体研修、县区级研修三级教研体系，在不同层级和不同范围探讨、研究、推广新的信息技术和好的教学方法。

四、制度保障

惠农区建立督导评估机制，以评价推动教育信息化发展，相继出台了《惠农区教育信息化指导方案》和《惠农区教育信息化工作考核细则》，以引导、规范学校教育信息化工作，并列入惠农区教育体育局工作督导检查项目，作为年终考核的重要内容。

五、技术保障

惠农区主要借助宁夏教育云平台提供的教学助手、区域研修项目组提供的区域研修平台、中庆公司提供的智课系统、移动教研系统以及学科教研 QQ 群开展区域研修。

六、质量评估

惠农区从学生学习、教师教学、教学内容、课堂文化四个维度、12 个视角、30 个观察点，利用教师主观评价与量表客观评价两种方式对研修质量进行评价，不断创新研修评价方式，从基于经验的评价转变为基于数据的精准评价。

第三节　案例实施效果

一、转变研修方式，提升了区域研修的实效性

智课系统支持的同侪研修活动是惠农区课堂教学直播实时评课、大数据评课分析的一次尝试。它结合多种互联网技术和人工智能技术，使教师"足不出户"就能"面对面"进行学习与交流，既消除了距离、时间的限制，又突破了以前经验式评课的局限性，由传统的经验型、粗放型评价向科学型、精准型评价转变，切实提高了信息化背景下区域研修的实效性，使区域教研活动实现了跨越式发展。

二、研修成果丰富，提升了教师的综合能力

经过一年多的实践，教师的教学水平和研究能力得到显著提升，多名教师在国家"一师一优课、一课一名师"及各类信息化应用比赛等活动中获奖。基于项目实践，教师在各类刊物上发表论文，研究能力显著提升。

三、总结创新素养教育方法，提升了学生的核心素养

经过一年多的实践研究，市二小教研共同体总结出在小学语文阅读课堂中培养学生创新素养教育的具体方法（图 15.4）。实施创新素养教育，培养学生的创新意识、创新精神和创新能力需要从思想、课程、课堂及评价等四个方面入手。在思想上，教师应转变观念，不断改进教学方法。在课程中，教师要整合学科教学内容，使相关学科相互渗透，融为一体。在课堂上，教师要利用互联网技术，鼓励学生主动质疑、自主学习，激发学生的想象力，通过小组合作、课堂拓展活动等多种方式培养学生的创新素养。在评价中，要注重评价内容、评价主体、评价体系及评价方式的多元化。

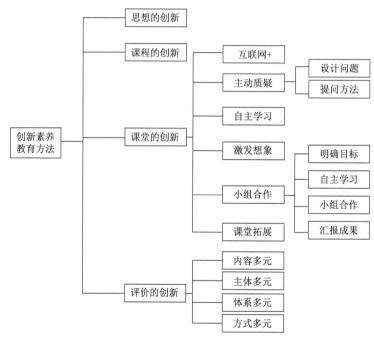

图 15.4　小学语文阅读课堂中培养学生创新素养教育的方法

第十六章

"1+1+1" 信息技术平台支持下的区域研修模式探索

实施地区：贵州省铜仁市松桃苗族自治县
组织单位：贵州省铜仁市松桃苗族自治县教育局
负 责 人：杨帆、罗立荣、杨江
主要成员：郭永渊、蒙黎、黄思思、陈礼明、吴广胜、蒋德昌、邓江波

第一节 案例背景

松桃苗族自治县（简称松桃县）隶属贵州省，地处黔、湘、渝交界，2020年3月3日退出贫困县序列，实现脱贫摘帽。松桃县有各级各类学校310所，教师7037名，在校生人数88 072人。其中，小学270所，教师3912名，在校生人数49 980人；初中35所，教师2355名，在校生人数24 144人；高中5所，教师770名，在校生人数13 948人。松桃县教育系统共有专职教研员17名，其中，高中学段数学、物理、历史、政治、化学、生物、信息技术各1名，初中学段语文、英语、物理、体育、音乐、美术各1名，小学学段语文2名、数学1名，学前教育1名。

截至目前，松桃县组建了覆盖28个乡镇（街道）的千兆教育城域网，所有学校均已光纤入网且带宽均达100M以上，全县规模较大的97所学校实现无线网络全覆盖，教师学习终端（一师一机）覆盖率达100%。利用教育城域网，松桃县建设了全县教育视频教研（会议）系统和录播教研系统。

2019年，松桃县被遴选为教育部—中国移动科研基金2017年度项目"信息技术支持下的区域教研模式研究及试点"的试点地区。松桃县围绕信息技术与课堂教学深度融合这一目标，以教育城域网为轴心、以录播教室为基地、以视频会议系统为传输带（1+1+1），组织开展线上线下相结合的教师研修，逐步形成了松桃"1+1+1"助推农村教师专业发展模式，有效提升了校长、教师的信息技术应用能力、教育教学方式探究能力、课程整合能力及管理服务能力。

第二节 案例组织实施

一、发展目标

松桃县在全县范围选取部分中小学开展信息技术支持下的区域研修试点，以积累先进经验和优秀案例，完善松桃县"1+1+1"区域研修组织管理机制和方法，提高教师的综合能力,缩小城乡学校师资力量差距,推动教育信息化融合创新发展。

二、研修活动

在试点中,松桃县开展了教师工作坊支持的主题研修和直播课堂支持的同侪研修两种研修活动。教师工作坊支持的主题研修活动共组织了9次,有10所学校的21名教师参与;直播课堂支持的同侪研修活动共组织了17次,有10所学校的22名教师参与。

（一）教师工作坊支持的主题研修

教师工作坊支持的主题研修模式主要在小学语文和初中英语两个学科开展,通过语文学科和英语学科乡村名师工作室,组织全县语文教师、英语教师参与研修,通过申报、推荐等方式遴选积极上进、观念先进的优秀教师组建主题研修团队。依托区域教研平台,开展线上线下相结合的区域研修,提高中小学教师的信息化教学设计能力。

主题研修活动主要包括同课异构和案例专题研修两个阶段（图 16.1）。在同课异构阶段,学员选择研修主题,自主备课,开展同课异构教研活动。基于同课异构活动效果,坊主针对研修主题进行专题讲座,提升学员的理论素养。在前期备课、上课及理论学习的基础上,进入案例专题研修阶段,坊主组织学员对课例进行二次打磨,选出优秀课例进行观摩示范,最后由坊主点评,并请参与教师做与主题相关的培训。

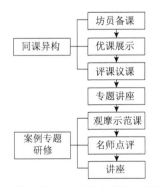

图 16.1　松桃县教师工作坊支持的主题研修活动

（二）直播课堂支持的同侪研修

松桃县在小学数学和初中物理学科开展直播课堂支持的同侪研修活动。松桃县域内三所城区小学与两所农村小学结成直播课堂支持的同侪研修团队，围绕教学中的典型问题，以区域教研活动平台为载体，积极探索区域研修新途径，探索教师教育新模式的策略和方法。

直播课堂支持的同侪研修活动通过创设跨区域教师群体之间开放交互的教研环境，形成融教研、科研和培训于一体的教师发展模式，以"行动—反思—交流提升—再行动"的阶段式流程推进教师研修（图 16.2）。

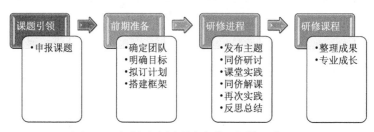

图 16.2　松桃县直播课堂支持的同侪研修流程

三、组织保障

在项目进行过程中，松桃县得到了贵州省电化教育馆与铜仁市教育局的大力支持和精心指导。为保障项目顺利开展，松桃县成立试点项目工作领导小组，教育局杨帆副局长为组长，负责试点工作总体规划；县教研室郭永渊主任、县现代教育技术及装备中心罗立荣副主任、中小学教师继续教育办公室龙峻老师为副组长，负责提供业务指导与技术支持。领导小组下设办公室，由县现代教育技术及装备中心蒙黎负责具体办公。试点项目设主题研修和同侪研修两个工作组：主题研修组组长陈礼明，组员蒋德昌、黄思思、陈胜良、邓江波，其中小学语文由陈礼明（小组长）、邓江波负责，初中英语由蒋德昌（小组长）、陈胜良负责；同侪研修组组长吴广胜，组员由蒙黎和相关学科教研员组成。

四、制度保障

松桃县教育局中小学教师继续教育办公室制定了《"信息技术支持下的区域教研模式研究及试点项目"学时认定及奖励办法》，以激励教师积极参与。各试点项目小组制定了本小组的研修计划与实施办法，为试点工作提供制度支持。

五、技术保障

松桃县教育局利用贵州省中小学微课活动平台、松桃县教育城域网、视频教研（会议）、录播教室、西南大学网络与继续教育学院教师工作坊研修平台等软硬件开展试点。这些软硬件中除上级教育主管部门负责运维之外，县教育局和各试点学校安排专人负责管理和维护工作，同时对项目参与人员进行了相关培训。

六、质量评估

松桃县从研修者学习效果、行为效果、满意度三个角度，结合教师自评、同侪互评和专家点评对研修活动的质量进行评价（图16.3）。其中，研修者满意度主要通过问卷和访谈收集数据，研修者学习效果和行为效果通过对区域教研活动平台的数据进行分析。

图16.3　松桃县区域研修活动质量评估

第三节　案例实施效果

一、利用信息技术，形成了区域研修共建共享机制

以教育城域网为轴心、以录播教室为基地、以视频会议系统为传输带形成的"1+1+1"区域教研平台打破了地区与学校之间的隔阂，实现了多智能体的参与，提高了教学和科研的效率，降低了研修活动的组织管理成本。区域教研平台的免费超级存储，方便教师通过网络平台和移动终端随时随地查看和下载课堂记录、

图片、电子教案等多媒体资源，弥补传统课堂的不足，解决教师工作与学习的矛盾。同时，教师可以根据自己的需要反复学习，对加深理解、巩固和提高起到一定的作用。

二、坚持以人为本，建立了区域教研共同体

在此次研修活动中，既有教研能力突出的学科专家的引领，为整个研修提供保障，又有一线教学名师的指导点评，加上一群富有上进心的教师，为研修活动营造了和谐、融洽的"纯学术化"氛围。这样的环境更容易激发每个人的积极性和创造性。研修过程求真务实、注重实效。研修主题来自教师日常的教育教学过程中产生的疑惑或面临的问题，符合教师自身的发展需求，能充分调动教师参与的积极性，通过任务驱动式的研修活动，每个参与研修活动的教师都得到提高。在同侪互研的过程中，相互学习，相互交流，不断地改进教学方法、提升教育教学能力，促进专业成长。

三、坚持区域校际合作，促进了资源再生和使用

在实施过程中，以学校的"手拉手"活动为基础，各研修活动促进了不同教育教学资源和实践经验的有效流动，有助于凝聚智慧，产生了大量优质资源，提升了各级学校的互动对话和内涵发展。

第十七章

基于天心智教云平台的区域研修模式研究

实施地区：湖南省长沙市天心区
组织单位：湖南省长沙市天心区教育局
负 责 人：何阳莉、曹绍峰、曹昌平
主要成员：余战勇、周赢正、施展、周菡、曹莹、黄宁、刘旺、欧阳秋

第一节 案例背景

天心区位于湖南省长沙、株洲、湘潭三市融城核心地带。天心区有区属小学46 所，初中 5 所，九年一贯制学校 2 所，高中 1 所，在职教师 1935 人，在校学生 45 766 人。天心区将教育信息化工作列入"民生造福工程"，围绕"一网、两平台、三大体系"，年均投入超过 2000 万元，建设了千兆教育城域网，所有教室通网、通设备，中学生机比为 8∶1，小学生机比为 10∶1，教师均配有办公教学计算机，全区建设 19 间智能录播教室，4 所学校常态开设网络联校课程，所有教室都配备了大屏触控多媒体教学设备，教育信息化实现了快速发展。

天心区推进智慧学区建设的基本思路为"一网一云，无纸在线"，天心智慧教育云（简称天心智教）是整个智慧学区建设的核心内容。通过建设"一网一云"营造良好的智慧教育基础环境，通过探索"无纸在线"深化智慧教育应用。2019年，天心区被选为教育部—中国移动科研基金 2017 年度项目"信息技术支持下的区域教研模式研究及试点"的试点地区。依托该项目，天心区开展信息技术支持下的区域研修实践探索，进一步推进天心智教云平台的应用，完善区域研修机制和方法。

第二节 案例组织实施

一、发展目标

在试点项目中，天心区旨在总结提炼天心区教研工作特点，建设一批可供借鉴的优秀案例，培养一批专业能力突出的骨干教师队伍，提升区域内教师的专业水平，推进天心区教育信息化融合创新发展。

二、研修活动

在试点中，天心区开展了线上线下相结合的课例研修和混合环境下的微课题研修两种研修活动。线上线下相结合的课例研修活动共组织了 75 次，有 30 所学校的 150 名教师参与；混合环境下的微课题研修活动共组织了 48 次，有 17 所学校的 128 名教师参与。试点工作实施进程如表 17.1 所示。

表 17.1　基于天心智教云平台的区域研修实施进程

时间	活动	成效
2018 年 12 月	信息技术环境调研	全面调研了区域信息技术环境信息，为实施试点做好准备
2019 年 3 月	试点工作小组会议	研究讨论试点工作方案，制定了试点工作线路图
2019 年 4 月	试点工作部署会	全面部署试点工作，开展"信息技术支持下的区域教研"全员培训
2019 年 5 月	天心区"创新杯"教学竞赛	组织课例研修的小组参加天心区"创新杯"教学竞赛，形成典型案例
2019 年 5 月	天心区"智慧课堂"教学竞赛	28 人参加了"智慧课堂"教学竞赛，300 多人观摩，全面探索"智慧课堂"的基本模式
2019 年 6 月	参加中央电化教育馆研修交流活动	组织了 10 名骨干成员参加交流，提高认识
2019 年 9 月	研修试点中期督导	收集整理各小组的研修进度，督导研修按计划开展
2019 年 11 月	举办"信息技术支持下基础教育创新发展论坛"	部分课例和微课题研修在论坛上进行展示，向全省推广研修成果
2019 年 11 月	试点总结	收集了各研修小组的总结和过程性资料，撰写区域研修总结

（一）线上线下相结合的课例研修

天心区线上线下相结合的课例研修活动由天心区教育科学研究中心负责组织，以学科为单位，区教育科学研究中心各学科教研员组织学科名师、骨干教师及骨干梯队教师，跨校组建课例研修小组，挑选一名骨干教师为课例教学实施对象，采取集体备课、网络互研、集中观课、网络评议的形式开展线上线下相结合的课例研修。全区共成立 11 个课例研修小组，覆盖初中语文、数学、英语、化学及小学语文、英语、数学、综合实践、道德与法治、信息技术等学科。

天心区在区域内划分了七大片区，选择片区中心地带，配备了 20 多间录播教室，组织专题培训。在课例研修中，为解决跨片区教师的时间、空间协同的问题，天心区在录播教室开展示范课,通过网络直播,组织骨干梯队教师远程观课,通过天心智教云平台开展线上议课(图17.1)。同时,将常态化课例研修与各项学科教学竞赛统筹整合,以研促赛,以赛促研。

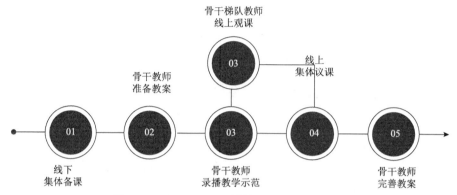

图 17.1 天心区基于录播教室的网络研修模式

(二)混合环境下的微课题研修

天心区混合环境下的微课题研修由天心区教育科学研究中心负责组织,各学科教研员根据常态教学中发现的教育教学问题,形成微问题研究菜单,以学校为单位,采取校长负责制,由学校选择主题立项研究。

课题研究需要参与教师有较高的理论水平,过程严谨、周期较长,老师们参与研修的积极性不高。针对这一现象,天心区在整体部署区域微课题研修时,对微课题进行降"维"处理,倡导微问题研究,降低研究难度,缩短研究周期。2018 年,天心区发布了《天心区教育科学问题研究指导意见》,部署开展"三位一体"的区域问题研究,提出"问题即课题、对策即研究、收获即成果"的基本理念。按照微问题确定的技术路径(图 17.2),天心区建立了全区教育教学微问题清单,同时推进的教育教学微问题共有 120 多个。基于解决问题的理念,天心区形成了由微问题研究向微课题研究的转换机制(图 17.3),将微问题研究提升到微课题研究。在试点中,天心区 17 所学校共申报、立项 18 个微课题,涵盖初中物理、语文学科,小学语文、数学、英语、信息技术学科及幼儿园学前教育。为确保微课题研究过程规范,天心区结合微课题研究的一般规律,确立了"准备—实施—总结"网络研修三步实施模式,以规范研修基本流程(图 17.4)。

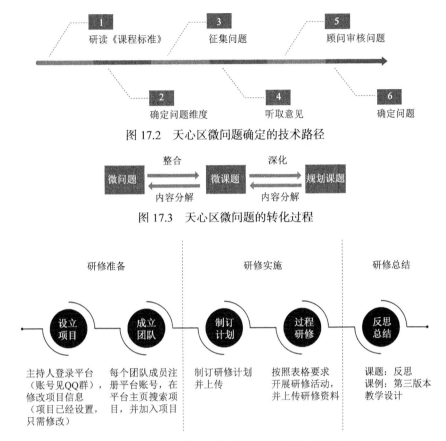

图 17.2　天心区微问题确定的技术路径

图 17.3　天心区微问题的转化过程

图 17.4　天心区混合环境下的微课题研修基本流程

三、组织保障

　　为保障试点项目顺利实施，天心区教育局成立了项目工作小组，由区教育局副局长何阳莉担任组长，主要成员单位有：基础教育科、区教育科学研究中心、区艺术体育中心、区属各中小学校、各区级名师工作室。其中，基础教育科负责项目工作考核，区教育科学研究中心负责项目工作指导，区教育科学研究中心和区艺术体育中心各学科教研员负责学科具体实施，区属各中小学和各区级名师工作室为项目试点应用的实施主体。在开展研修过程中，多次邀请省市教育科学研究院及高等学校的专家对研修研究进行指导。

四、制度保障

　　项目工作小组通过统计调查的形式，摸底了区属学校教育信息化基础设施状况，以问卷调查的形式，向学校行政、信息老师、学科老师调研信息技术办公、教学的应用状况和迫切需求。根据调研结果，天心区制定了《信息技术支持下的区域研修实施方案》，统一部署试点工作。为促进全区课例研修发展，以赛促研，制定了《2019 年天心区"创新杯"教学竞赛方案》。为指导全区教师探索"智慧课堂"教师模式，制定了《天心区智慧课堂教学评价表（试行）》。为进一步在全区推广微问题研究，制定了《天心区教育科学问题研究指导意见》。

五、技术保障

　　天心区依托区教育城域网，采用虚拟化和动态管理技术，高标准建设了教育云计算中心。完成了教育城域网的覆盖，区内 54 所二级机构、学校、幼儿园实现了网络互联。对新划入天心区的暮云、南托两个街道的 10 所学校内部网络进行改造，确保每个位置都能高速连接网络。良好的网络环境为实施线上线下结合的区域网络研修奠定了良好的物理环境基础。结合教师网络研修的需求，天心区升级了天心智教云平台，整合了区内学校的录播教室，实现了学校之间录播教室视频实时互联，为教师跨校开展网络研修做好了准备；开发了网络研修线上交流平台（图 17.5），为教师开展异地实时研究开辟了网络空间；开发了网络研修资源分享平台，围绕网络协同备课，以学科课程为中心建设网络研修资源；开发了教师研修管理平台，实现了扫码签到，学分自动管理等。

图 17.5　天心智教云平台研修管理界面

六、质量评估

天心区采取过程评价和结果评价相结合的方式对研修质量进行评估，每月统计一次天心智教云平台研修数据，分析阶段性研修成果。

第三节　案例实施效果

一、创新了研修雁群发展模式

天心区在制订区域研修试点工作方案时，将全面提升区域内教师的教育教学水平作为试点的主要目标之一。天心区将提升教师的信息化应用能力作为推进落实教育信息化 2.0 的重点举措。如何让参与研修的教师获得有效发展？天心区根据雁群效应，为每个课例研修小组安排 58 名骨干梯队教师、1 名教研员、1 名骨干教师（或学科名师）。教研员和骨干教师作为研修小组的两个雁头，轮流引领小组的研修活动，教研员负责小组课例研修的理论指导，骨干教师负责教学实践示范，骨干梯队教师在相互讨论、磨课、观摩的过程中共同获得成长。天心区的区域研修模式经验在全国项目交流会上进行了分享。

二、创新了二维码研修管理方法

天心区结合教师研修的实际需要，在天心智教云平台开发了网络研修模块，支撑全区网络研修活动的开展。天心智教云平台以二维码为应用的核心，简化网络研修的操作，十分便捷。研修教师通过扫码加入网络协同备课小组，开始课例研修协同备课，随时分享研修资料；研修教师通过扫码加入线上研修群组，开展网络在线议课、磨课；通过扫码，研修小组完成研修活动网络签到；通过扫码，教师研修活动可自动换算成年度培训积分（图 17.6）。采用二维码，天心区实现了教师研修全过程网络化管理。

图 17.6 天心区基于二维码的研修管理

三、形成了丰富的研究成果

通过试点，天心区研修成果丰富，11 个课例研修小组形成研究报告 20 篇、教学课例 17 个、视频资源 11 个、论文 19 篇，18 个微课题研修小组形成研究报告 20 篇、案例设计 54 个、论文 31 篇、培训讲稿 13 篇，极大地提高了教师的教学能力和研究能力。

第十八章

教育云平台支持下的区域研修模式探索

实施地区：湖北省孝感市云梦县
组织单位：湖北省孝感市云梦县教育局
负 责 人：龚宁平、杨吉、史可卿
主要成员：王年芳、曾望生、胡建华、曾春发、张安夏、汪凤娥、陈秀芝、杨乐

第一节 案例背景

云梦县隶属湖北省孝感市，是武汉城市圈的重要组成部分，共有高中 3 所、初中 18 所，小学 52 所，教学点 5 个，中等职业学校 1 所，特殊教育学校 1 所，教师 4200 人，学生 42 500 人。全县教研室有专职教研员 16 名，包括小学、初中、高中各个学科（初、高中同一学科一般有一名教研员）；每个学区有一位兼职教研员，共计 12 位；县直学校每个学校也有兼职教研员 1 名，共计 9 人；其他各个学科兼职教研员总计 108 人。

全县所有学校都接入了互联网，有智慧教室 1 间、录播教室 16 间，教师办公计算机 2000 台，师机比达到 1.5∶1。在开展教育部—中国移动科研基金 2017 年度项目"信息技术支持下的区域教研模式研究及试点"工作之前，云梦县的教师研修方式主要是单一的学科教研组集体备课、教育部门组织的学术研讨活动等。至于统筹区域优质资源，借助信息化手段实现互联互通，只是极个别学校在尝试，虽有效果，但影响辐射范围较窄。区域内教研模式单一，很多乡镇教师外出学习机会有限，教研空间有限，专业发展受到限制，制约了教育均衡发展，乡镇学校师生综合素养略显滞后。

第二节 案例组织实施

一、发展目标

云梦县在前期教师研修现状分析的基础上，力图借力信息化手段，逐步缩小县乡、校与校之间的教育差距，大力促进教育公平，积极推动信息技术与教研融合创新发展，推进课堂教学改革，落实教育信息化 2.0 行动，探索适合云梦县区域可持续发展的研修模式，实现区域研修机制化。

二、研修活动

在云梦县教育局的组织下，在教育部—中国移动科研基金 2017 年度项目"信息技术支持下的区域教研模式研究及试点"中，云梦县参与了云平台支持下的线上线下相结合的课例研修、混合环境下的微课题研修、云平台支持下的名师工作室案例研修等三种模式的实践。其中，在云平台支持下的线上线下相结合的课例研修模式中，参与学校 13 所，参与教师 200 余人，组织研修活动 30 余次；在混合环境下的微课题研修模式中，参与学校 4 所，参与教师 30 余人，组织研修活动 16 次；在云平台支持下的名师工作室案例研修模式中，参与学校 26 所，参与教师 1000 余人，组织研修活动 50 余次。

（一）云平台支持下的线上线下相结合的课例研修活动

云平台支持下的线上线下相结合的课例研修包括网络问课、网络品课两大环节，旨在解决课堂教学存在的实际问题，通过教师的集体交流、实践反思和教学创新，在实际教学中开展研究，从而提高教师的教学水平和研究能力。具体地说，就是一个教研集体通过在一定时期内对某一教学内容进行反复深入的学习、研究与实践，借助"互联网+教育"模式，找到有效的教学解决方案，从而显著提高整个教研集体的教学水平，形成解决教学问题的能力，推动教师的专业发展。云平台支持下的线上线下相结合的课例研修过程如图 18.1 所示。

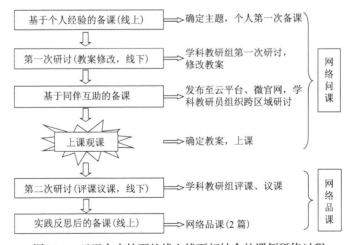

图 18.1　云平台支持下的线上线下相结合的课例研修过程

（二）混合环境下的微课题研修活动

以教育教学专题研究为依托开展研修活动，利用叙事研究、行动研究、案例研究等研究方法解决教育教学中的实际问题，提高教师的教学科研能力和信息素养。本次微课题区域研修通过名师引领、线上与线下研修同步进行的模式开展，研修过程求真务实，注重实效。整个研修通过"研修—实践—反思—再研修—再实践—再反思—总结"的循环式研修（图 18.2），让分散于各校的教师通过网络进行常态化、精准化的教研，并就积累的共性问题开展线下研修，既提升了学科教师的信息技术技能，也促进了区域内学科教师的相互学习、相互交流，不同层次的学科教师都有所成长。特别是黄香高级中学的"树文化育人探索"、城关镇第二小学的"电脑绘画"微课题研修，在区域研修过程中得到广泛的关注并取得较好的实效，产生了很好的引领效应。

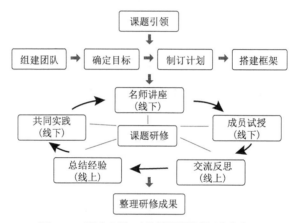

图 18.2　混合环境下的微课题研修活动流程

（三）云平台支持下的名师工作室案例研修活动

通过名师工作室名师的引领，工作室教师实时互动，分享成果，解决教学中的困惑，这也是一种为促进教育公平和均衡发展，实现同一区域内更大规模的优质教师教育资源共享的"一对多"网络研修模式。云梦县"云平台+名师工作室"的研修模式，打破了时空的限制，汇聚了优质的教育资源，减轻了教师的课业负担，助推了青年教师的快速成长。具体流程如图 18.3 所示。

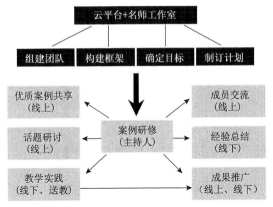

图18.3　云平台支持下的名师工作室案例研修活动

三、组织保障

云梦县在该项目的组织实施中，成立了由教育局局长陈力牵头的领导小组。在孝感市教育科学研究院、孝感市教育技术装备站的指导下，县教研室、县教育局教育技术装备站、黄香高级中学、实验中学、下辛店中学、实验小学、黄香小学、城关镇第二小学、伍洛镇中心小学和清明河中心小学共同参与完成该项目。

四、制度保障

（一）建章立制，构建"一点三线"课题管理网络

"一点"：成立云梦县课题实验办公室，由县教研室、县教育局教育技术装备站联合组成，负责全县课题实验方案制度的出台，以及课题实验的工作布置、指导、督查、考核等。

"三线"：由教研室牵头成立课题研究专家团队，负责对全县实验学校进行课题培训学习、教研教学的业务指导工作；由县教育局教育技术装备站牵头成立课题研究信息技术工作组，负责对全县实验学校提供信息技术、网络数据方面的技术支持；由课题实验办公室牵头，抽调实验学校骨干教师成立课题研究评价组，负责对全县实验学校的工作推进情况、实验成效等进行考核评价。

（二）建章立制，构建"三线三组"督导落实机制

根据云梦县课题实验区的三个子课题（云平台支持下的线上线下相结合的课

例研修模式、混合环境下的微课题研修模式、云平台支持下的名师工作室案例研修模式），组成督导组，分三条线，定期对相关实验学校开展工作督导、指导，推进实验工作的有序有效实施。

（三）建章立制，构建"三个维度"考核评价机制

制定出台《云梦县课题试验考核评价细则》，分三个维度对课题试验学校的工作分阶段进行考核：①考核实验学校的师生参与度，既考查师生参与的人数，也考查师生参与的程度；②考核课题试验对师生提升的达成度，既考核教师的业务能力的提升，也考核学生的学习效果的提高；③考核课题研究对推进学校教学教研效果的达成度。

五、技术保障

在区域研修中，云梦县借助孝感教育云平台，连接每位教师、每所学校；云梦县教研室依靠微信强大团队并开通微官网平台，方便教师交流、互通。目前这两个平台的运行都有专业的团队支持和维护，运行情况良好，得到区域教师的一致好评。

六、质量评估

云梦县采用网络量化管理，建立教师研修档案，采用网络积分的方式排名，激发教师的研修兴趣，记录教师将获得的知识转化为能力的过程，鼓励教师不断将课例资源进行上传、共享，如此反复，不断跟进，促进教师的理论与实践的发展。同时，更进一步观察教师是否将实际教学过程中的问题联系起来，教师在研修过程中存在的问题是否得到了有效的讨论和解答，教师在教学设计过程中存在的观点分歧是否最终通过讨论达成共识等来评价研修效果。另外，通过"三个维度"考核评价机制，对区域、学校、教师的研修目标达成度进行综合考量。

第三节　案例实施效果

网络教研不仅可以突破传统教研活动的瓶颈，还可以打破时空的壁垒，更能

增强教师参与教研的自主性、解决问题的及时性和实现互动交流的广泛性。云梦县基于云平台开展教师区域研修，极大地拓宽了教师研修的空间，构建了网络环境下的教研新模式。借助云平台开展区域研修，彻底颠覆了原有的教研形式，让教师通过网络随时随地、简单高效地开展教学研讨活动，覆盖面更大，收获更多，研修层次更深，研修效率更高，促进了区域内教师的专业化成长。

（1）提高了教师的信息技术素养。教师在开展网络研讨活动中逐渐了解了信息技术在教研领域的应用前景，促使他们在技术应用中锻炼自己，进行信息收集、处理，同时，运用信息技术进行课堂教学，并将计算机和网络作为自己教和学生学的工具，使学生的信息素养也得到明显提高。在实现资源共享的过程中，教师的信息技术水平大大提高，参与研修的教师均能自如地在网络上快速找到自己所需要的资源，主动参与网络研讨活动，在孝感教育云平台上发表课件、案例等。教师的信息技术水平的提高，为进一步发展学生的创新思维奠定了基础。

（2）充分发挥了名师的引领作用和团队的集体智慧。教师们既可以有针对性地围绕某一个话题深入研究，又能发挥团队协作作用，有效地促进了案例研修的深入。在名师的引领下，参与教师就提交的话题进行分析、交流，提出教学建议，分享教学过程中遇到的困惑、经验、心得，增加研修的深度，提高研修团队的整体业务水平。

（3）借助线上线下网络研修资源，促进教学质量的提升。通过网络课例研修，将研修成果应用于课堂教学，课堂教学效果良好，同时，利用现代信息技术辅助教学，采用多种信息刺激学生的多个感官，使学生大脑处于兴奋状态，从而调动他们的学习兴趣，激发其求知欲，达到"课伊始，趣亦生"的效果。课例研修成果让课堂面貌发生了翻天覆地的变化，教学的信息量增大了，教学手段丰富了，课堂效率提升了，师生的内生动力得到了激发，学生更加热爱学习，教师职业幸福感提升，教师乐教、学生乐学的可喜局面已然形成。

第十九章

信息技术支持下的区域研修方式创新研究

实施地区：湖北省潜江市
组织单位：湖北省潜江市教研室
负 责 人：刘谦君、姜家兴
主要成员：杨群丽、朱丽平、郑磊、郭珍、刘艳芝、杨烁、吴梦

第一节 案例背景

潜江市是湖北省直辖县级市，地处湖北省中南部、江汉平原腹地。有各级各类学校 255 所，其中幼儿园 120 所，小学 83 所，初中 26 所，高中 9 所，九年一贯制学校 12 所，特殊教育学校 1 所，中职学校 4 所。在校学前教育幼儿 24 248 人，小学生 51 367 人，初中学生 23 618 人，高中学生 14 710 人，特殊教育学生 90 人，中职学生 4459 人。中小学在编在岗教职工 6767 人，教研员 40 人，其中专职教研员 21 人，兼职教研员 19 人，共涉及学前教育、职业教育、特殊教育、小学教育、初中教育、高中教育的 17 个学科。教研员中研究生学历 3 人、本科学历 37 人，正高职称 1 人、副高职称 38 人、中级职称 1 人。

全市学校带宽全部达 100M，其中 45 所学校带宽达 200M，城镇学校班均出口带宽达 100M，区域学校均实现校园无线网络全覆盖；全市教学班级全部建有班班通设备，10 所学校创建了创客工作室、机器人训练基地，引入好分数系统、璞华大数据系统、腾讯智慧校园、校园图书管理系统、NOBOOK 虚拟实验室等；全市共建有 7 间智慧教室、39 间互动录播教室，互动录播教室城区学校一校一室、乡镇学校一镇一室。

2019 年，潜江市被遴选为教育部—中国移动科研基金 2017 年度项目"信息技术支持下的区域教研模式研究及试点"的试点地区。项目中，潜江市围绕信息技术支持下的区域研修开展了一系列区域研修活动，形成了一系列成果。

第二节 案例组织实施

一、发展目标

通过多种试点模式的研修与实践探索，完善潜江市在信息技术支持下的区域研修机制和方法，积累一批可推广的先进经验和优秀案例，培养一批利用信息技术开展区域教研活动的骨干队伍，实现研修理念和模式的创新，推动教育信息化融合创新发展。

二、研修活动

在潜江市教研室的组织下，在教育部—中国移动科研基金 2017 年度项目"信息技术支持下的区域教研模式研究及试点"中，潜江市开展了线上线下相结合的课例研修和混合环境下的微课题研修两种区域研修活动。其中，在线上线下相结合的课例研修中，参与学校 16 所，参与教师 34 人，组织研修活动 13 次；在混合环境下的微课题研修中，参与学校 32 所，参与教师 57 人，组织研修活动 60 余次。

（一）线上线下相结合的课例研修活动

线上线下相结合的研修活动将常规研修与网络研修相结合，获得研修效果的最优化，基本流程如图 19.1 所示。研修组按照流程制订课例研修计划，确定研修目标，进而依序完成计划中的各项任务。通过集体备课、现场观课议课、线上线下交流等方式磨课。按照"准备阶段→研课、上课、录课→再研课、上课、录课→三度研课、上课、录课"的基本流程，层层深入，抽丝剥茧，台阶式上升。

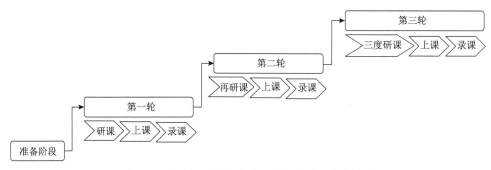

图 19.1　线上线下相结合的课例研修活动基本流程

（二）混合环境下的微课题研修活动

成功的课题研究必须有一支完备的研修队伍作为基础。潜江市通过微课题研修，不断涌现出优秀的研修成果，这些研修成果直接作用于和促进一线教学。在混合环境下的微课题研修活动中，参与教师通过交流讨论，不断调整和改善微课题研究的执行思路，通过"研修者自学—线上讨论—线下授课—集体讨论—交流形成模式—再线上讨论—再线下授课—效果对比"，最后形成模式，将研究成果在全市推广（图 19.2）。

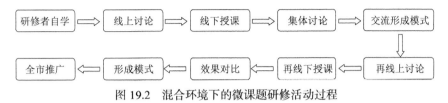

图 19.2 混合环境下的微课题研修活动过程

三、组织保障

潜江市成立了以教研室主任刘谦君为领导小组组长，教改科长姜家兴为副组长，各课题研修小组长为成员的课题领导小组。领导小组统筹全市总项目组的所有项目活动，包括研修工作的活动部署、信息技术保障、经费投入、过程管理等。各研修小组分别以特级教师、学科带头人或潜江名师、骨干教师为引领，以青年教师为中坚力量，以达成引领青年教师专业成长之目的。

四、制度保障

为了务实高效地做好该项目，潜江市设立了机构组建制度、研修实施制度、研修评价制度、条件保障制度、网络安全制度，各项制度规范和约束了区域研修工作的过程管理、具体实施和评价等。

五、技术保障

潜江市充分利用已有设备，通过远程同步录播室、一体机小型会议室、多媒体大型会议室、区域研修平台、中国教师研修网、国家教育资源公共服务平台的学科网络教研工作室、研修试点平台、教师工作坊、网络直播教室等软硬件开展区域研修活动，组建了学科 QQ 群、研修小组微信群、研修小组 QQ 群、呱呱群等，区域设置专门人员管理和运维硬件设施。

六、质量评估

在开展区域研修活动中，潜江市确立了研修评价制度，每一个研修活动都有研修记录，包括研修时间、参与人员、研修主持、研修议程、发言记录、研修评分等；建立了完整的研修电子档案，将每一次研修记录和研修资料分类保存，分别为过程性资料、典型案例、总结性资料等；根据过程性评价和总结性评价，对区域研修活动进行整体质量评估。

第三节　案例实施效果

潜江市通过一系列探索，形成了管理规范、专家引领的保障机制，构建了多管齐下、实时联动的运行机制，建立了强化过程、物化成果的评价机制，构建了新型的信息技术支持下的学校、学科课题研修模式，提高了全市中小学教师的专业发展能力。

首先，通过线上线下联动，创新了研课方式。通过试点工作，潜江市形成了线上线下有机结合、研修小组组内研修与组外展示相结合的研修模式，达成了传统研修方式和现代研修方式的有机结合；依托国家教育资源公共服务平台的学科网络教研工作室、研修试点平台、教师工作坊、网络直播教室、研修小组微信群、研修小组 QQ 群等工具，实现课题研修工作信息化的愿景。

其次，通过微课题研究，打造了一批研究型的骨干教师队伍。在研修过程中，潜江市教育局、教研室通过提供资源和政策支持，为研修活动的顺利开展保驾护航。同时，各校教研组长及一线教师积极参与活动，在线上研讨中发表自己的看法、见解以及疑问，各种思路激烈碰撞，摩擦出精彩的火花，充分发挥了教师的主观能动性，为微课题研究营造良好的氛围。

最后，通过项目形成了一批课题研究的论文、教学设计、教学视频等成果。这些研修成果是所有教师共同努力的结果，为教师提供了专业的参考和指导。在共建共享机制下，所有的成果均在线上存档，打破了时空壁垒，教师通过网络平台和移动终端随时随地观看、下载，有利于教师成长。

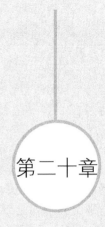

第二十章

信息技术支持下的项目实践研修

实施地区：贵州省遵义市务川仡佬族苗族自治县
组织单位：贵州省遵义市务川仡佬族苗族自治县教育局
负 责 人：高方银
主要成员：覃江、王彩、申智龙、曾熊、邹福玉、申茂盛、申政、宋斌

第一节　案　例　背　景

务川仡佬族苗族自治县（简称务川县）位于贵州省东北部、黔渝边沿结合部，是全国两个以仡佬族苗族为主体民族的自治县之一，同属武陵山片区区域发展与扶贫攻坚示范县。县域内共有各类学校（幼儿园）140 所、在校学生 74 071 人、专任教师 4649 人。围绕"加快发展学前教育、巩固提高义务教育、突破发展高中教育、大力发展职业教育"的工作目标，秉承"穷县办大教育，办大教育拔穷根"的教育发展理念，深入推进教育改革，全面实施素质教育，全县教育呈现良好的发展态势。

仡乡教育紧跟时代步伐，坚持"以教育信息化支撑和引领教育现代化"发展理念，国家顶层设计的"三通两平台"建设快速推进，"互联网+教育"行动快速跟进，信息化教育管理和信息化教学教研齐头并进，校与校、城乡、区域之间教育差距加快缩小，县域内教育的提质增效、均衡发展和创新发展较好达成。基于多年来的区域性教育信息化发展，总结提炼出"区域性信息化教学'九·三'策略"（图 20.1）。

2019 年，务川县被遴选为教育部—中国移动科研基金 2017 年度项目"信息技术支持下的区域教研模式研究及试点"的试点地区，为仡乡教育信息化倍速推进雪中送炭，为仡乡教育的提质增效、均衡发展和创新发展注入了新鲜活力。

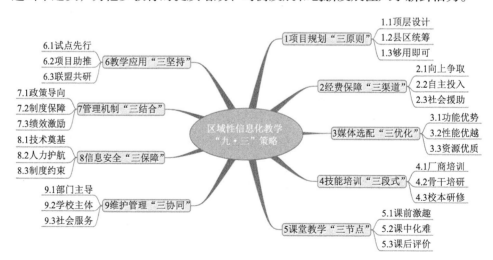

图 20.1　区域性信息化教学"九·三"策略

第二节　案例组织实施

一、发展目标

务川县立足区域实际，基于信息技术，着力项目实践，力求积极探索、总结凝练和推广应用区域普适、常态化、可复制推广和可持续发展的信息技术支持下的区域教师研修创新模式，更好地助力区域性教师专业发展。发展目标具体包括：①提升教师的信息技术应用能力、信息化教学设计能力、信息化教学研究能力、教师专业自觉与协同发展能力，转变师生的教与学的方式，变革传统课堂教学；②促进信息技术与教育教学的深度融合创新，将信息技术融入日常的教育管理与教育教学，优化教育管理，提高教学质量；③应用信息技术手段，实施精准学情分析、精准教学过程和精准教学评价，体验针对区域、学校、师生的个案化、个体化和个性化教学实践；④践行小组、校本、区域协同研修，名校、名师、优课引领研修，跨学校、跨学科、共平台融合研修，电教、教研、师训联动研修，制度、经费、技术保障相结合，总结凝练信息技术支持下的区域普适、常态化、可复制推广和可持续发展的区域教师研修创新模式；⑤建构"行为主动、过程互动、区域联动"的教师研修共同体，激发研修智慧，共享研修成果，助力教师发展。

二、研修活动

为了更好地完成项目，务川县教育局及时组建领导小组，精心遴选研修团队，积极组织线上线下相结合的课例研修、教师工作坊支持的主题研修、混合环境下的微课题研修、直播课堂支持的同侪研修等四种研修活动。其中，线上线下相结合的课例研修涉及研修团队 3 个，参与学校 7 所，参与教师 21 人，组织活动 18 次；教师工作坊支持的主题研修涉及研修团队 4 个，参与学校 11 所，参与教师 30 人，组织活动 24 次；混合环境下的微课题研修涉及研修团队 5 个，参与学校 6 所，参与教师 36 人，组织活动 26 次；直播课堂支持的同侪研修涉及研修团队 3 个，参与学校 6 所，参与教师 26 人，组织活动 14 次。

（一）线上线下相结合的课例研修

务川县依托总项目组搭建的区域研修平台，扎实开展、有序推进线上线下相结合的课例研修，总结提炼出"三轮磨课"研修步骤，如图 20.2 所示。同时，借助研修平台并辅以微信群、QQ 群等即时通信工具，编织一张突破时空限制的研修网络，把常规的小范围、短时间、单向式研修转变成个性化、互动化、社群化研修，形成"时时可研、处处能研、人人皆研"的生动局面，实现更加开放、适时、共享的教师研修新模式，营造更加无拘束、可畅言的意见发表和思维灵动，更好地诱发和展示具有灵感的课堂思考、教学设计和教育智慧。

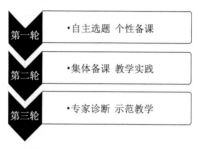

图 20.2　线上线下相结合的课例研修活动流程

（二）教师工作坊支持的主题研修

教师工作坊支持的主题研修活动依托信息技术支持下的教师工作坊平台，在坊主引领下，立足教育教学实践中的真实问题，聚合工作坊全员智慧，实现全体教师共同分析、协同解决和共研共享，唤醒教师自我发展的内在需求，形成一支既具备新课程改革理念，又拥有新课程教学能力的高素质教师队伍。

教师工作坊支持的主题研修充分借助开放、交互、动态的网络研修平台，并辅以微信群、QQ 群等即时通信工具，构建主题明确、任务驱动的坊主示范引领和团队协作共研的良好态势，总结提炼出"七环研讨"研修流程（图 20.3），努力把常规的个体、独自、封闭研修转变为团队、互动、开放研修，形成"问题真实、问题可及、问题可解"的研修生态，实现更加个性、互动、高效的主题研修新模式。

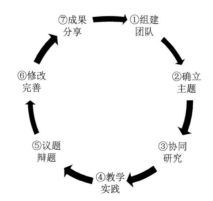

图 20.3　教师工作坊支持的主题研修活动流程

（三）混合环境下的微课题研修

在混合环境下的微课题研修活动中，务川县直面区域性教育教学、教育管理和教育服务中的真实问题，有效整合叙事研究、行动研究、案例研究等研究方法，总结提炼出"四步递进"研修策略（图20.4）。通过参与者多思、多研、多实践和多总结，最终达成研修内容的自主性、互动交流的广泛性和问题解决的有效性。

图 20.4　混合环境下的微课题研修活动策略

（四）直播课堂支持的同侪研修

基于"育人平等"理念、基于乡镇（街道）中心学校均已装配高清录播教室和直录播系统，务川县大胆尝试直播课堂支持的同侪研修实践，积极探索"跨校同课、多师备课、优势互补""优师授课、城乡同课、优课共享"的同侪研修，开展了一系列直播课堂支持的同侪研修活动，实现了区域性城乡学校优秀教师、优质课堂的"三级联动"研修范式（图20.5），切实践行了教育部提出的"三个课堂"建设。

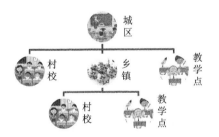

图 20.5　直播课堂支持的同侪研修活动组织模式

三、组织保障

务川县试点工作领导小组由县教育局分管副局长任顾问、信息化中心负责人任组长，由县教育局教研室负责人、县域内名师工作室主持人以及项目试点学校校长为成员，并遴选跨学段、多学科骨干教师组建研修团队。他们长期扎根教学一线，积极参与教研教改，专业能力强，工作作风实，敬业精神优，科研素养高，为项目的顺利实施提供了强有力的支撑和保障。

四、制度保障

为确保项目顺利实施和优质完成,县级项目组设置"团队成员搭配、成员个体参与、研修任务完成与研修成果创新"等综合评价指标,同时指导各研修团队建立和完善多元优化的评价机制,将项目实施纳入学校教学常规管理,把项目成效与学校集体、教师个人的评先选优、绩效考核挂钩,充分调动广大教育管理者、中小学教师参与项目实践的主动性、积极性和规范性,营造强化投入、自主适应、追求实效和共研共享的良好氛围。对项目实施的评价,项目组还通过编制《研修日志》记录研修过程,并适时引领、助推、监测和展示区域性项目实施成果,做到有章可循。

五、技术保障

务川县基于已建的"三通两平台"软硬件环境,通过云平台、微信群、QQ群、智课系统(北京中庆现代技术股份有限公司捐建)等技术支撑研修活动。同时,由县教育局信息化中心牵头,精心谋划、分批组织、分层开展试点学校教育管理者、学科教师、技术人员专题培训,切实保障了项目实践的有序推进和卓有成效。

六、质量评估

务川县的区域研修活动采取"现场走访、主题交流、课堂观察、课例展示"相结合、"教师认知、学生认同、家长认可、专家认定"相结合的方式进行综合评价。在评价过程中,特别强调发展性与形成性、过程性与终结性、教师个体与团队集体评价相结合的综合考评,并组织阶段性作品展评和"优课"展示,实现评价方式可借鉴、过程可见证、成果可推广。

第三节　案例实施效果

通过信息技术支持下的项目实践研修,务川县各研修团队成员均以积极心态潜心研修。各子项目研修团队在总项目组预设的线上线下相结合的课例研修、教师工作坊支持的主题研修、混合环境下的微课题研修、直播课堂支持的同侪研修等四种研修活动基础上，拓展研修思路，自拟研修课题，深化研修内容，创新研修模式。

　　研修过程扎实推进，搭建了跨学校、跨城乡、跨学段、跨学科等多维度协同研修平台，达成了内容、形式、手段、对象区域研修的跨界融合，历练了教师个体、研修团队的个性研修和创新研修，突显了教师与教师、教师与教研员、教师与专家之间的沟通无限和共研共享。在坚持"以人为本"的设计理念下，初步形成校际、城乡区域性项目实践研修体系，创新建构了"行为主动、过程互动、区域联动"的项目研修共同体，激发了教师研修智慧，实现了资源共享，助力教师成长。

　　项目实践研修成效丰实。思想碰撞有火花，经验交流有借鉴，课堂教学有改变，育人模式有拓展，教育理论有丰富，教学技能有提升，科研意识有建树，还凝练形成线上线下相结合的课例研修"三轮磨课"、教师工作坊支持的主题研修"七环研讨"、混合环境下的微课题研修"四步递进"以及直播课堂支持的同侪研修"三级联动"等区域普适、常态化、可复制推广和可持续发展的项目实践研修成果，以及《基于增强现实（AR）的初中化学课例研修——以"分子和原子"为例》（黄都中学宋斌团队）、《DIS 与 AR 实验教学环境下的初中物理课例研修——以"磁是什么"为例》（城关中学申茂盛团队）、《小学美术课堂仡佬族文化渗透的研究与实践》（第二小学邹乙波团队）、《直录播平台支持下的跨学校同侪研修实践》（第一小学曾熊团队）、《直录播平台支持下的跨学科同侪研修实践——以"弯弯的小路"教学案例分析为例》（涪洋中心完小付中槐团队）等代表性研修案例。

　　信息技术支持下的项目实践研修是一场深刻的区域教师研修革命，是对传统研修方法的重大变革。在《中共中央 国务院关于全面深化新时代教师队伍建设改革的意见》《教育信息化 2.0 行动计划》的指导下，务川县借力信息技术媒体、资源、空间和手段的优势，点燃了教师研修的智慧之火，更好地助力了区域性教师专业发展，让教育这个古老的事业焕发出新的勃勃生机。